汽车性能检测技术

主　编　张爱华　于立春
副主编　潘昌勇　覃信举
参　编　梁小罗　陈　松　帅　云

北京理工大学出版社
BEIJING INSTITUTE OF TECHNOLOGY PRESS

内 容 简 介

本书采用项目引领的指导思想，以任务贯穿为主线，依据高职教育的培养目标，围绕高职教学特点，以提高学生的职业能力和职业素质为宗旨来编写。本书以汽车检测最新国家职业标准为依据，适应汽车检测和维修技术岗位的要求，合理制定任务目标和课时计划，合理安排知识结构和能力结构，强调理论与实际的联系，以求提高学习者解决实际问题的能力。

本书适合各类高职院校汽车检测与维修技术、汽车运用技术及汽车技术服务与营销等专业学生使用，也可作为培训机构用书，还可供相关的工程技术人员参考。

版权专有　侵权必究

图书在版编目（CIP）数据

汽车性能检测技术 / 张爱华，于立春主编. —北京：北京理工大学出版社，2018.8（2022.7重印）

ISBN 978-7-5682-5964-4

Ⅰ．①汽… Ⅱ．①张… ②于… Ⅲ．①汽车-性能检测-高等学校-教材 Ⅳ．①U472.9

中国版本图书馆 CIP 数据核字（2018）第 170762 号

出版发行 / 北京理工大学出版社有限责任公司	
社　　址 / 北京市海淀区中关村南大街 5 号	
邮　　编 / 100081	
电　　话 / （010）68914775（总编室）	
（010）82562903（教材售后服务热线）	
（010）68944723（其他图书服务热线）	
网　　址 / http://www.bitpress.com.cn	
经　　销 / 全国各地新华书店	
印　　刷 / 北京虎彩文化传播有限公司	
开　　本 / 787 毫米×1092 毫米　1/16	
印　　张 / 12.25	责任编辑 / 多海鹏
字　　数 / 282 千字	文案编辑 / 多海鹏
版　　次 / 2018 年 8 月第 1 版　2022 年 7 月第 3 次印刷	责任校对 / 周瑞红
定　　价 / 38.00 元	责任印制 / 李志强

图书出现印装质量问题，请拨打售后服务热线，本社负责调换

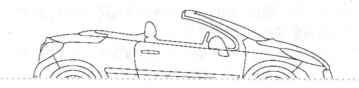 

前言

"汽车性能检测技术"是汽车类各专业的核心课程，带有很强的综合性与应用性。该课程通过精心设计的基于工作过程、任务导向的教学情境中的学习训练，使学生基本掌握汽车性能检测项目、检测原理、规范的检测方法，并初步具备检测结果的分析判断能力。

每个项目编写中设有工作任务，工作任务与企业生产能力目标接轨，符合企业对员工的能力要求。在内容上全部贴合所要完成的工作任务，着重强调为完成工作任务需要掌握的知识及安全注意事项。

通过本课程的学习，学生能够独立完成汽车性能检测工作，以保持汽车良好的使用性能；能够适应汽车检测和维修技术岗位的要求，并能为后续学习和进入顶岗实习打下良好基础。

本书特色：

（1）保持高职高专教材特色，文字简洁，条理清晰，接轨职业岗位要求，紧跟"教、学、做"一体化的教学步伐，注重满足企业岗位任职所需知识，提升学生的就业竞争力。

（2）以职业岗位的典型工作任务为驱动，按照工作过程系统化组织学习内容。每个学习任务都包含知识学习和能力运用，理论部分以"必需、够用"为度，突出职业技能的训练和职业素养的培养，力求把传授知识和培养专业技术的应用能力进行有机结合，使学生的基本素质得到提高。

（3）全书采用最新的国家标准，如 GB 7258—2012《机动车运行安全技术条件》、GB 8565—2016《道路运输车辆综合性能要求和检验方法》、GB 3847—2015《车用压燃式发动机和压燃式发动机汽车排气烟度排放限值和测量方法》等。

（4）本教材配套资源丰富，配有资源库和 PPT 教学课件，为授课教师授课和学生学习提供方便。

本书内容及建议学时：

内容	建议学时	备注
项目一　汽车检测技术认知	4	根据需要可做调整
项目二　汽车安全性能检测	24	根据需要可做调整
项目三　汽车环保性能检测	12	根据需要可做调整
项目四　汽车动力性能检测	8	根据需要可做调整
合计	48	

本书由贵州航天职业技术学院汽车工程系张爱华、于立春任主编，潘昌勇、覃信举任副

主编,贵州航天职业技术学院汽车工程系的梁小罗、陈松、帅云参与了编写工作。具体分工如下:项目一由于立春编写,项目二的任务 1 由覃信举编写,项目二的任务 2、任务 5、任务 6 由张爱华编写,项目二的任务 3 由陈松编写,项目二的任务 4 由潘昌勇编写,项目三由梁小罗编写,项目四由帅云编写。全书由张爱华统稿。

本书在编写过程中得到了遵义市汇航检测站唐学军总经理的大力帮助和支持,并参阅了许多国内外公开出版、发表的文献和检测设备的使用说明书等,在此对相关作者一并致谢。

尽管我们在教材的特色建设方面做了很多努力,但由于编者水平有限,书中难免有不当之处,恳请广大读者批评指正。

编 者

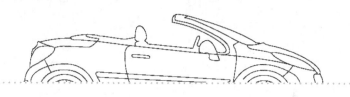

目 录

项目一 汽车检测技术认知 ········· 1
   任务1 汽车技术状况及其变化 ········· 1
   任务2 汽车检测诊断基础 ········· 6

项目二 汽车安全性能检测 ········· 20
   任务1 检查车辆外观、灯光系统 ········· 20
   任务2 检测前照灯技术状况 ········· 37
   任务3 检测车速表 ········· 49
   任务4 检测车轮的平衡度 ········· 56
   任务5 检测底盘部件 ········· 65
   任务6 检测汽车的制动性能 ········· 73

项目三 汽车环保性能检测 ········· 93
   任务1 检测汽车尾气排放污染物的含量 ········· 93
   任务2 检测汽车噪声 ········· 134

项目四 汽车动力性能检测 ········· 148
   任务1 检测发动机功率 ········· 148
   任务2 检测润滑系统 ········· 155

本书习题参考答案 ········· 159
参考文献 ········· 163

项目一

汽车检测技术认知

汽车检测与诊断技术是在使用、维护和修理汽车过程中对汽车技术状况进行测试和检验的一门综合技术。随着汽车工业的发展和人们需求的不断增长,汽车结构日益复杂,汽车保有量也迅猛增加,保障汽车技术离不开汽车检测与诊断技术。它是检查、鉴定车辆技术状况和维修质量的重要手段,是促进维修技术发展,实施"预防为主、定期检查、强制维护、视情修理"维修制度的重要保证。进行汽车检测与诊断,不仅要求检测者有完善的检测、分析、判断手段和方法,而且要有正确的理论指导。为此,在检测和诊断汽车的技术状况时,必须选择合适的检测、诊断参数,确定合理的检测参数标准,掌握一定的检测、诊断基础理论知识。

任务1 汽车技术状况及其变化

1. 了解汽车技术状况类型。
2. 掌握汽车技术状况变化的外观症状。
3. 了解汽车故障类型及对其工作能力的影响。
4. 熟悉汽车故障产生的原因。

能力目标	知识要点	权重
能正确描述汽车技术状况类型	汽车技术状况要义	10%
能通过外观症状判断汽车技术状况	汽车技术状况变化的外观症状	50%
能正确描述汽车故障对其工作能力的影响	汽车故障类型	30%
能对汽车故障产生的原因进行分析	汽车故障原因	10%

引例

2012年8月31日，一辆载人中型客车在行驶途中，车辆制动时向左跑偏，撞向道路左侧中央隔离墙，随后又冲破道路右侧防护栏，坠入20 m深沟，造成11人死亡、14人受伤。

在不解体的情况下确定汽车的技术状况，是确保行车安全、保证道路畅通的基本条件之一。

1.1 相关知识

汽车在使用过程中，随着行驶里程的增加，相应的技术状况逐渐变差，出现动力性下降、经济性下降、排放污染增加、使用可靠性降低、故障率上升等现象，严重时汽车将不能正常运行。汽车技术状况的好坏一般用汽车使用性能指标、汽车装备的完善程度以及车辆外部完好状况来进行综合评价，一般是可以定量测得的。汽车使用性能指标包括动力性、经济性、制动性、操作稳定性、平顺性。汽车技术状况决定了汽车运行的效率、安全性和对环境产生的影响。

所谓汽车的技术状况，是表征汽车工作能力的、某一时刻汽车外观和性能参数值的总和。汽车诊断是指在不解体的情况下，为确定汽车技术状况或查明故障部位、故障原因而进行的检测、分析和判断。

1.1.1 汽车技术状况

1. 汽车技术状况分类

汽车技术状况可分为汽车完好技术状况和汽车不良技术状况。

（1）汽车完好技术状况，是指汽车完全符合技术文件规定要求的状况，汽车技术状况的各种参数值，包括主要使用性能、外观、外形等参数值都完全符合技术文件的规定。处于完好技术状况的汽车，能正常发挥其全部功能。

（2）汽车不良技术状况，是指汽车有任何一项不符合技术文件规定要求的状况。处于不良技术状况的汽车，可能是某些主要使用性能指标不符合技术文件的规定，也可能是仅外观、外形及其他次要性能的参数值不符合技术文件的规定。

2. 汽车技术状况变化的外观症状

按照《机动车运行安全技术条件》（GB 7258—2012）的规定，汽车技术状况变差的主要外观特征有：

（1）汽车动力性变差。

（2）汽车燃料消耗量和润滑油消耗量显著增加。

（3）汽车的制动性能变差。

（4）汽车的操作稳定性变差。

（5）汽车排放污染物和噪声超过限值。

（6）汽车在行驶过程中出现异响和异常振动，存在着引起交通事故或机械事故的隐患。

(7) 汽车的可靠性变差,使汽车因故障停驶的时间增加。

3. 汽车的工作能力与汽车故障

汽车按技术文件规定的使用性能指标,执行规定功能的能力称为汽车的工作能力,或称为汽车的工作能力状况。

汽车故障是指汽车部分或完全丧失工作能力的现象。因此,只要汽车工作能力遭到破坏,汽车就处于故障状况。

1) 汽车故障类型

(1) 按故障存在的系统可分为汽车电气故障和汽车机械故障。现代汽车电气故障又分为数字电路故障和模拟电路故障,其数字电路故障目前可方便地通过专用检测与诊断设备(如汽车解码器)进行高效、快速的诊断,而模拟电路故障一般是借助经验或通过电路模拟得到故障征兆,然后通过测试进行确诊。

(2) 按故障形成的速度可分为突发性故障和渐发性故障。突发性故障是指发生前无任何征兆的故障,它不能靠早期的诊断来预测,其故障的发生具有偶然性,如汽车行驶时,铁钉刺破轮胎、钢板弹簧突然折断等。

(3) 按故障存在的时间可分为间歇性故障和永久性故障。间歇性故障有时发生,有时消失,如汽油机供油系统气阻故障就是一种典型的间歇性故障;而永久性故障则只有在修复或更换某些零部件后才能使得故障排除、功能恢复,如曲轴轴瓦烧损、发动机拉缸等。

(4) 按故障显现的情况可分为功能故障和潜在故障。导致汽车功能丧失或性能下降的故障称为功能故障,这类故障可通过直接感受或测定其输出参数而判定,如发动机不能起动或发动机输出功率下降均属功能故障;潜在故障是指正在逐渐发展但尚未对功能产生影响的故障。

(5) 按故障造成后果的严重程度可分为轻微故障、一般故障、严重故障和致命故障。轻微故障一般不会导致汽车停车或性能下降,不需要更换零件,用随车工具做适当调整即可排除,如气门脚响、点火不正时、怠速过高等。

2) 故障产生原因

(1) 工作条件恶劣。汽车零件工作条件包括零件的受力状况和工作环境。

(2) 设计制造缺陷。设计制造缺陷主要是指零件因设计不合理、选材不当、制造工艺不良而存在的先天不足。

(3) 使用维修不当。汽车在使用过程中超载、润滑不良、滤清效果不好、违反操作规程、汽车维护和修理不当等,都会引起汽车零件的早期损坏。

3) 汽车技术状况变化规律

(1) 汽车技术状况渐发性变化规律。渐发性变化规律是指汽车技术状况的变化随汽车行驶里程或使用时间呈单调变化,从而可用函数式表示的变化规律。

(2) 汽车技术状况偶发性变化规律。偶发性变化规律也称为随机性变化规律,它表示汽车、总成出现故障或达到极限状态的时间是随机的、偶发的,没有严格的对应关系,没有必然的变化规律,当给定汽车技术状况参数的极限值时,该随机性变化表现为汽车技术状况参数达到极限值所对应的行程是多种多样的,而在同一行驶里程下,汽车技术状况也存在明显差异。对其变化过程独立地进行观察所得的结果呈现不确定性,但在大量重复观察中又具有一定的统计规律。

汽车技术状况的随机变化如图 1-1-1 所示。

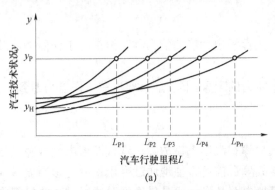
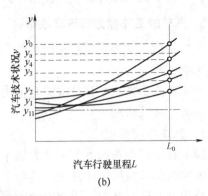

图 1-1-1　汽车技术状况的随机变化

y_P—技术状况参数的极限值；　y_H—技术状况参数的许用值；　$y_1 \sim y_4$—技术状况参数的名义值

4. 表征汽车技术状况的参数

表征汽车技术状况的参数分为两大类：一类是结构参数；另一类是技术状况参数。结构参数是指表征汽车结构的各种特性的物理量，如几何尺寸、声学和电学的参数等；技术状况参数是指评价汽车使用性能的物理量和化学量，如发动机的输出功率、扭矩、油耗、声响和踏板自由行程等参数。

1.1.2　汽车使用性能

1. 汽车使用性能定义

在一定使用条件下，汽车以最高效率工作的能力称为汽车使用性能。

2. 汽车使用性能评价指标

汽车使用性能评价指标主要有动力性、经济性、制动性、操控稳定性、行驶平顺性、通过性以及空气调节与居住性等。

1）动力性

汽车的动力性是指在良好、平直的路面上直线行驶时，由汽车受到纵向外力决定的、所能达到的平均行驶速度。其主要用三个方面的指标来评定：最高车速、加速时间和爬坡能力。

最高车速是指汽车在水平良好路面行驶时所能达到的最高行驶速度。数值越大，动力性能就越好。

加速时间表示汽车的加速能力，又称速度反应能力，它对汽车的平均行驶车速有很大的影响，特别是轿车，对加速时间要求更高，常用原地起步加速时间和超车加速时间来表示。

爬坡能力是指汽车满载行驶时能爬上的最大坡度。轿车的最大爬坡度基本上满足使用要求，货车、越野车的最大爬坡度是一个很重要的指标。

一般轿车的最高行驶车速为 150～200 km/h，原地起步至车速 100 km/h 的加速时间为 7～20 s；载荷汽车的最高行驶车速为 85～120 km/h，最大爬坡度为 25%～30%。

2）经济性

汽车的燃油经济性是指汽车为完成单位运输量所支付最少费用的能力。它是评价汽车运输企业经营经济效果的综合性指标，常选取单位行程的燃油消耗量和单位量燃油消耗汽车所行驶的里程作为评价指标。

单位行程的燃油消耗量，以 L/100 km 为评价指标；或单位运输工作的燃油消耗量，即以 L/100 tkm、L/kpkm 作为评价指标。前者用于比较相同容量的汽车燃油经济性，也可用于分析不同部件（如发动机、传动系统等）装在同一种汽车上对汽车燃油经济性的影响；后者常用于比较和评价不同容载量的汽车燃油经济性。其数值越大，汽车燃油经济性越差。

单位量燃油消耗汽车所行驶的里程，即以 km/L 作为评价指标，称为汽车经济性因数。例如，美国采用每加仑燃油能行驶的英里数表示，即 MPG 或 mile/USgal。其数值越大，汽车燃油经济性越好。

3）制动性

汽车的制动性是指汽车在行驶时能在短距离停车且维持行驶方向稳定性，并且在下长坡时能维持一定车速的能力。汽车制动性是汽车的重要使用性能之一。它属于汽车主动安全的范畴，主要用三个方面的指标来评定：制动效能、制动效能的恒定性、制动时的方向稳定性。

制动效能是指在良好的路面上，汽车以规定的初始车速及规定的踏板力制动到停车的制动距离或制动时汽车的减速度。它是制动性能的最基本指标，主要包括制动距离和制动减速度。

制动效能的恒定性是指制动器的抗衰退性能，包括抗热衰退性能和抗水衰退性能。抗热衰退性能：汽车在高速行驶或下长坡道时制动性能的保持程度。抗水衰退性能：汽车涉水后对制动性能的保持能力。

制动时的方向稳定性是指制动时汽车按给定路径行驶的能力。制动时发生跑偏、侧滑或失去转向能力，则汽车将偏离给定的行驶路径。这时，汽车的制动方向稳定性能不佳。

4）操控稳定性

汽车的操控稳定性是指在驾驶员不感觉过分紧张、疲劳的条件下，汽车能按照驾驶员通过转向系统及转向车轮给定的方向行驶，且当受到外界干扰时，汽车能抵抗干扰而保持稳定行驶的能力。

操纵性和稳定性有紧密的关系。如操纵性差，则将导致汽车侧翻、倾覆，汽车的稳定性就破坏了。如稳定性差，则会失去操纵性。汽车的操控稳定性是汽车的主要使用性能之一。随着汽车速度的提高，操控稳定性显得越来越重要。它不仅影响着汽车的行驶安全，而且与运输生产率和驾驶员的疲劳强度有关。

5）行驶平顺性

汽车的行驶平顺性是指汽车在一般行驶速度范围内行驶时，避免因汽车在行驶过程中所产生的振动和冲击，使人感到不舒服、疲劳，甚至损害健康，或者使货物损坏的性能。由于汽车行驶平顺性主要是根据乘员的舒适程度来评价的，所以又称为乘坐舒适性。

汽车固有频率是衡量汽车平顺性的重要参数，实验表明：为了保持汽车具有良好的行驶平顺性，车身振动的固有频率为人体所习惯的步行时，身体上下运动的频率为 60~80 次/min（1.0~1.6 Hz），它取决于悬架的刚度和悬架弹簧支撑的质量（簧载质量）。车身振动的固有频率应接近或处于人体适应频率范围内。汽车的载质量经常发生变化，所以其固有频率也会随之变化，即要求悬架的刚度应可变或可调。

6）通过性

汽车的通过性是指汽车在一定载重下，能以足够高的平均车速，通过各种坏路和无路地

带（如松软的土壤、沙漠、雪地、沼泽及坎坷不平地段），以及克服各种障碍（陡坡、侧坡、台阶、壕沟等）的能力。主要分为轮廓通过性和牵引支撑通过性。

轮廓通过性是表征车辆通过坎坷不平路段和障碍的能力。

牵引支撑通过性是指车辆顺利通过松软土壤、沙漠、雪地、冰面、沼泽等地面的能力。

7）空气调节与居住性

汽车空气调节是指对车内空气质量进行调节，即不管车外的天气情况如何，将车内的温度、湿度和清洁度都保持在满足舒适要求的一定范围内。汽车空气调节系统主要由通风装置、暖气装置、冷气装置和空气净化装置四大装置构成，可实现换气、温度与湿度的调节和空气净化三大功能。

换气是空气调节的最基本功能。为组织好换气，提高换气质量和效率，应合理布置空气的出、入口。

温度与湿度的调节，包括冬季的加温除湿和夏季的降温除湿，使车内保持适宜的温度和湿度。

空气净化，主要是除去车内存在的灰尘和难闻的气味。要保持车内二氧化碳浓度在规定范围内，每个乘员应有 $0.3\sim0.5\ m^3/min$ 的换气量。

汽车的居住性主要是指车内空间的分配、布置如何适应各种人体特征的要求，以使驾驶员和乘员经长时间行驶而不感到疲劳。

1. 汽车技术状况变化的外观症状主要表现为动力性、经济性、制动性、排放性等性能下降。
2. 汽车故障产生的原因主要与设计制造水平、工作条件和使用维修等有关。
3. 制定最佳诊断周期应考虑的因素包括汽车技术状况、汽车使用条件和费用。
4. 汽车使用性能评价指标主要有动力性、经济性、制动性、操控稳定性、行驶平顺性、通过性以及空气调节与居住性等。

查询一款新车的动力性、经济性和制动性是用什么来评价的。

任务 2　汽车检测诊断基础

1. 了解汽车检测技术的基础知识。
2. 掌握汽车检测的途径和方法。
3. 了解汽车检测的类型及国内外检测技术的发展状况。
4. 掌握汽车检测制度和检测标准。

5. 能正确解读汽车使用性能检测法规。
6. 具有安全、环保意识。

能力目标	知识要点	权重
能正确描述汽车检测与诊断专用术语	汽车检测与诊断专用术语要义	10%
熟知汽车检测参数和检测标准	汽车检测参数及标准	50%
会识别检测站的类型和职能	汽车检测站的组成和类型	20%
了解汽车检测方法	汽车检测的方法和工艺流程	20%

1.2 相关知识

1.2.1 汽车检测诊断基础

1. 基本概念与术语

汽车的检测与诊断，是指通过对汽车进行检查、测试、分析，并对其技术状况做出评价或判断的技术。

现代汽车的检测和诊断涉及力、声、热、电、光、化等学科领域以及机械、电子、计算机、自控等多项技术。

汽车检测与诊断常涉及以下术语：

（1）汽车检测（Test 或 Inspection）：汽车检测是在整车不解体的条件下，运用检测工具和仪器对汽车技术状况或工作能力进行的检查和测量。对汽车的动力性、经济性、安全性和环保性等方面进行检查测试，对有关的性能做出评价，对发现的问题做出及时调整，保证汽车保持良好的技术状况。

检测是一种主动检查行为，是对车辆状况进行检查，以发现和掌握车辆的技术状态。

（2）汽车诊断（Diagnosis）：汽车诊断是指汽车在整车不解体（或仅拆下部分零件）的条件下，通过检测数据对汽车技术状况或故障部位和原因进行的检查、分析和判断。

汽车出了故障之后，通过检查测试，判断出现故障的原因和故障点，并指出排除故障的方法。所以诊断的目的是排除故障。

诊断是一种被动检查行为，是对有问题的车辆进行检查，以便排除问题。

（3）汽车技术状况：定量测得的、表征某一时刻汽车外观和性能的参数值的综合。

（4）汽车故障：汽车部分或完全丧失工作能力的现象。

（5）诊断参数：供诊断用的、表征汽车及总成结构技术状况的数据。

（6）诊断标准：对汽车诊断的方法、技术要求和限值等的统一规定。

（7）诊断规范：对汽车诊断作业技术要求的规定。

2. 汽车检测与诊断的目的和诊断方法

1) 汽车检测与诊断的目的

汽车检测与诊断的目的是确定汽车技术状况和工作能力，查明故障部位、故障原因，为汽车继续运行或维修提供依据。汽车检测可分为安全环保检测和综合性能检测两大类。

（1）安全环保检测的目的。对汽车实行定期与不定期安全运行和环境保护方面的检测，目的是在汽车不解体的情况下，建立安全和公害监控体系，确保车辆具有符合要求的外观、良好的安全性和符合规定的尾气排放量，使其在安全、高效和低污染下运行。

（2）综合性能检测的目的。对汽车实行定期和不定期综合性能方面的检测，目的是在汽车不解体的情况下，确定运行车辆的工作能力和技术状况，查明故障或隐患的部位和原因。对维修车辆实行质量监督，建立质量监控体系，确保车辆具有良好的安全性、可靠性、动力性、经济性和排放性。同时，对车辆实行定期综合性能检测，且是实行"定期检测、强制维护、视情修理"这一修理制度的前提和保障。

（3）故障诊断的目的。对汽车进行故障诊断，目的是在汽车不解体的情况下，查明运行车辆故障部位，对故障原因进行检查、测量、分析和判断。诊断出故障后，通过调整或修理方法排除，以确保车辆在良好的技术状况下运行。

2) 汽车诊断的方法

汽车技术状况的诊断是由检查、测量、分析和判断等一系列活动完成的，其基本方法主要分为两种：一种是传统的人工经验诊断法，另一种是现代仪器设备诊断法。

（1）人工经验诊断法。人工经验诊断法是诊断人员凭丰富的实践经验和一定的理论知识，在汽车不解体或局部解体的情况下，借助简单工具，用眼看、耳听、手摸、鼻闻等手段，边检查、边试验、边分析，进而对汽车的技术状况做出判断的一种方法。这种诊断方法具有不需要专用仪器设备、可随时随地进行和投资少、见效快等优点。但是，这种诊断方法存在诊断速度慢、准确性差、不能进行定量分析和需要诊断人员具有较丰富的经验等缺点。

（2）现代仪器设备诊断法。现代仪器设备诊断法是在人工经验诊断法的基础上发展起来的一种诊断方法，该方法可在汽车不解体的情况下，用专用仪器设备检测整车、总成和机构的参数、曲线或波形，为分析、判断汽车技术状况提供定量依据，采用微机控制的仪器设备能自动分析和判断汽车的技术状况。现代仪器设备诊断法具有检测速度快、准确性高、能定量分析、可实现快速诊断等优点，但也存在投资大和对操作人员要求高等缺点。

汽车检测与诊断是确定汽车技术状况的技术，不仅要求有完善的检测、分析判断手段和方法，而且在检测与诊断汽车技术状况时，必须选择合适的检测参数，确定合理的检测参数、检测参数标准和最佳检测周期。检测参数、检测参数标准、最佳检测周期是从事汽车检测诊断工作必须掌握的基础知识。

3. 汽车检测诊断参数

检测诊断参数：指在进行汽车检测时，采用的与汽车结构参数有关，又能反映汽车技术状况的间接指标。

1) 检测参数及分类

（1）工作过程参数。汽车、总成和机构在工作过程中输出的一些可供测量的物理量和化学量，如发动机功率、油耗和汽车制动距离等。

(2)伴随过程参数。伴随过程参数是伴随工作过程输出的一些可测量。一般并不直接体现汽车或总成的功能,但却能通过其在汽车工作过程中的变化间接反映检测对象的技术状况,如振动、噪声、异响和过热等,可提供诊断对象的局部信息,常用于复杂系统的深入诊断。

(3)几何尺寸参数。几何尺寸参数可提供总成、机构中配合零件之间或独立零件的技术状况,如配合间隙、自由行程、圆度、圆柱度、端面圆跳动和径向圆跳动等。

2. 常用汽车检测诊断参数(见表 1-2-1)

表 1-2-1 常用汽车检测诊断参数

诊断对象	诊断参数	诊断对象	诊断参数
汽车整体	最高车速	冷却系统	冷却液温度
	加速时间		冷却液液面高度
	最大爬坡度		风扇传动带张力
	驱动车轮输出功率		风扇离合器离合温度
	驱动车轮驱动力	润滑系统	机油压力
	汽车燃料消耗量		油底壳油面高度
	汽车侧倾稳定角		机油温度
	CO 排放量		机油消耗量
	HC 排放量		理化性能指标变化量
	NO_x 排放量		清净性系数 K 的变化量
	CO_2 排放量		介电常数的变化量
	O_2 排放量		金属微粒含量
	柴油车自由加速烟度	传动系统	传动系统游动角度
汽油机供给系统	空燃比		传动系统功率损失
	汽油泵出口关闭压力		机械传动效率
	供油系统供油压力		总成工作温度
	喷油器喷油压力	转向系统	车轮侧滑量
	喷油器喷油量		车轮前束值
	喷油器喷油不均匀度		车轮外倾角
柴油机供油系统	输油泵输油压力		主销后倾角
	喷油泵高压油管最高压力		主销内倾角
	喷油泵高压油管残余压力		转向轮最大转向角
	喷油器针阀开启压力		最小转弯直径
	喷油器针阀关闭压力		转向盘自由转动量
	喷油器针阀升程		转向盘最大转向力

续表

诊断对象	诊断参数	诊断对象	诊断参数
柴油机供油系统	各缸喷油器喷油量	制动系统	制动距离
	各缸喷油器喷油不均匀度		制动减速度
	供油提前角		制动力
	喷油提前角		制动拖滞力
发动机总成	额定转速		驻车制动力
	怠速转速		制动时间
	发动机功率		制动协调时间
	发动机燃料消耗量		制动完全释放时间
	单缸断火（油）转速下降值	行驶系统	车轮静不平衡量
	排气温度		车轮动不平衡量
曲柄连杆机构	气缸压力		车轮端面圆跳动量
	气缸漏气量		车轮径向圆跳动量
	气缸漏气率		轮胎胎面花纹深度
	曲轴箱漏气量	其他	前照灯发光强度
	进气管真空度		前照灯光束照射位置
配气机构	气门间隙		车速表误差值
	配气相位		喇叭声级
点火系统	断电器触点间隙		客车车内噪声
	断电器触点闭合角		驾驶员耳旁噪声
	点火波形重叠角		
	点火提前角		
	火花塞间隙		
	各缸点火电压值		
	各缸点火电压短路值		
	点火系统最高电压值		
	火花塞加速特性值		

2）检测参数的选择原则

为了保证诊断结果的可信性和准确性，在选择诊断参数时应遵循以下原则：

（1）灵敏性。灵敏性亦称为灵敏度，是指诊断对象的技术状况在从正常状态到进入故障状态之前的整个使用期内，诊断参数相对于技术状况参数的变化率。选用灵敏性高的诊断参数诊断汽车的技术状况时，可使诊断的可靠性提高。

（2）单值性。单值性是指汽车技术状况参数在从开始值变化到终了值的范围内，一个检测与诊断参数只对应一个技术状况参数。

（3）稳定性。稳定性指在相同的测试条件下，多次测得的同一诊断参数的测量值具有良好的一致性（重复性）。诊断参数的稳定性越好，其测量值的离散度越小。稳定性不好的诊断参数，其灵敏性也低，可靠性差。

（4）信息性。信息性是指诊断参数对汽车技术状况具有的表征性。表征性好的诊断参数能揭示汽车技术状况的特征和现象，反映汽车技术状况的全部情况。诊断参数的信息性越好，包含汽车技术状况的信息量越多，得出的诊断结论越可靠，如图 1-2-1 所示。

（5）经济性。经济性是指获得诊断参数的测量值所需要的诊断作业费用的多少，包括人力、工时、场地、仪器、设备和能源消耗等各项费用。经济性高的诊断参数，所需要的诊断作业费用低。

（6）方便性。方便性是指所确定的诊断参数在用于实际诊断时，其操作使用的方便程度。

汽车检测与诊断参数需要在一定的检测条件下，采用规定的检测方法对它进行测量，在测量条件中，一般有温度条件、速度条件和负荷条件等。如发动机功率的检测，需在一定的转速和负荷下进行；汽车制动距离的检测，需在一定的初速度和载荷下进行。

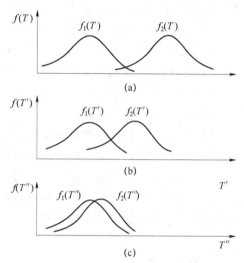

图 1-2-1　诊断参数信息性比较

（a）T 的信息性强；（b）T' 的信息性弱；
（c）T'' 的信息性差

 特别提示

没有规范的测量条件和测量方法，所测结果就无可比性，也就无法评价汽车的技术状况。

4. 汽车检测与诊断标准

检测标准是对汽车检测的方法、技能要求和限值等的统一规定。检测参数标准仅是对检测参数限值的统一规定，是检测标准的一部分，有时也简称检测标准。为了定量地评价汽车总成及机构的技术状况，确定维修的范围和深度，预报无故障工作里程，必须建立检测参数标准，提供一个比较尺度，这样，在检测到检测参数值后与检测标准值对照，即可确定汽车是继续运行还是要进行维修。

1）检测与诊断标准的分类

（1）国家标准。国家标准是国家制定的标准，冠以中华人民共和国国家标准（GB）字样。国家标准一般由某行业部委提出，由国家质量监督检验检疫总局发布，全国各级单位和个人都必须遵照执行，它具有强制性和权威性，如《机动车运行安全技术条件》(GB 7258—2012)、《营运车辆综合性能要求和检验方法》(GB 18565—2016) 等。

（2）行业标准。行业标准也称为部委标准，是由部级单位制定并发布的标准，在行业系统内贯彻执行，一般冠以中华人民共和国某行业标准，它在一定范围内具有强制性和权威性，有关单位和个人必须贯彻执行，如中华人民共和国交通行业标准《营运车辆技术等级划分和评定要求》(JT/T 198—2004，JT 表示交通部行业标准，T 表示推荐性标准等)。

（3）地方标准。地方标准是由省级、市级或县级单位制定并发布的标准，在地方范围内贯彻执行，它在一定范围内具有强制性和权威性，在所属范围内的单位和个人必须贯彻执行，如北京市地方标准《装用点燃式发动机汽车排气污染物限值及检测方法遥测法》（DB 11/318—2005）等。

（4）企业标准。企业标准包括汽车制造厂推荐的标准、汽车运输企业和汽车维修企业内部制定的标准、检测仪器设备制造厂推荐的参考性标准等。

2）检测与诊断参数标准的组成

检测参数标准一般由初始值、许用值和极限值三部分组成。

（1）初始值。此值相当于无故障新车和大修车诊断参数值的大小，往往是最佳值，可作为新车和大修车的诊断标准。当诊断参数测量值处于初始值范围内时，表明诊断对象技术状况良好，无须维修便可继续运行。

（2）许用值。诊断参数测量值若在此值范围内，则诊断对象技术状况虽发生变化，但尚属正常，无须修理，按要求维护即可继续运行，但若超过此值，则应及时进行修理。

（3）极限值。诊断参数测量值超过此值后，诊断对象技术状况严重恶化，汽车需立即停驶修理。此时，汽车的动力性、经济性和排放性大大降低，行驶安全得不到保证，有关机件磨损严重，甚至可能发生安全事故。

 特别提示

随着经济的发展和技术的进步，诊断参数标准将会不断修正，在使用各类标准时，应及时采用最新的版本。

3）诊断参数标准制定方法

（1）统计法。统计法是指通过找出相当数量的在用汽车在正常状况下诊断参数测试值的分布规律，然后经综合考虑，并以大多数在用汽车合格为前提制定诊断参数标准的一种方法。

（2）试验法。试验法是指在实际使用条件或在实验室工作条件下，通过试验和测量制定诊断参数标准的一种方法。

（3）计算法。计算法是指建立在理论分析的基础上，通过一定的数学模型计算获得诊断参数标准的一种方法。

（4）类比法。类比法是指利用类似结构在类似使用条件下已建立的诊断标准，根据自己的实际情况加以比较，从而确定诊断参数标准的一种方法。

（5）相对法。相对法是指通过对正常汽车总成或零部件进行测试后，采用一定的处理措施确定诊断参数标准的一种方法。

5. 汽车的诊断周期

诊断周期是汽车诊断的间隔期，以行驶里程或使用时间表示。诊断周期的确定，应满足技术和经济两方面的条件，以获得最佳诊断周期。最佳诊断周期是能保证车辆的完好率最高而消耗的费用最少的诊断周期。

确定最佳诊断周期的工作是非常重要的，它既能使车辆在无故障状态下运行，又能使我国维修制度中"定期检测、强制维护、视情修理"的费用降至最低，因此要在"定期"上下功夫。

1) 制定最佳诊断周期应考虑的因素

（1）汽车技术状况。在汽车新旧程度不一，行驶里程不一，技术状况等级不一，甚至使用性能、结构特点、故障规律、配件质量不一等情况下，对汽车制定的最佳诊断周期也不一样。新车、大修车的最佳诊断周期长，反之则短。

（2）汽车使用条件。汽车使用条件包括气候条件、道路条件、装载条件、驾驶技术、是否拖挂、燃润料质量等。气候恶劣、道路状况差、经常超载、驾驶技术不佳、拖挂行驶、燃润料质量得不到保障的汽车，其最佳诊断周期短，反之则长。

（3）费用。费用包括检测和诊断、维护和修理及停驶损耗的费用。若要使检测和诊断及维护和修理费用降低，则应使最佳诊断周期得到延长，但汽车因故障停驶的损耗费用会增加；若要使停驶的损耗费用降低，则应使最佳诊断周期缩短，但检测与诊断、维护与修理的费用会增加。

根据交通部《汽车运输业技术管理规定》，汽车实行"定期检测、强制维护、视情修理"的制度。该规定要求车辆二级维护前应进行检测诊断和技术评定，根据结果，确定附加作业或修理项目，结合二级维护一并进行。《汽车运输技术管理规定》又指出，车辆修理应贯彻"视情修理"的原则，既要防止拖延修理造成车况恶化，又要防止提前修理造成浪费。

2) 最佳诊断周期的确定

二级维护和车辆大修前都要进行检测和诊断，其中，大修前的检测与诊断一般在大修间隔里程将结束时结合二级维护前的检测和诊断进行。既然规定在二级维护前进行检测与诊断，则二级维护周期就是我国目前的最佳诊断周期。根据《汽车维护、检测、诊断技术规范》（GB/T 18344—2001），二级维护周期应以行驶里程为基本依据，依据车辆使用说明书的有关规定，同时依据汽车使用条件的不同，由省级交通部门规定，一般为 10 000～15 000 km。

1.2.2 汽车检测站的分类

汽车检测站是综合运用现代检测技术，对汽车实施不解体检测、诊断的机构。它具有现代的检测设备和检测方法，能在室内检测出车辆的各种参数，为全面、准确评价汽车的使用性能和技术状况提供依据。

1. 检测站的任务

（1）对在用运输车辆的技术状况进行检测与诊断。

（2）对汽车维修行业的维修车辆进行质量检测。

（3）接受委托，对车辆改装、改造、报废及其有关新工艺、新技术、新产品、科研成果等项目进行检测，提供检测结果。

（4）接受公安、环保、商检、计量和保险等部门的委托，为其进行有关项目的检测，提供检测结果。

2. 检测站的类型

1) 按服务功能分类

按服务功能分类，检测站可分为安全环保检测站、维修检测站和综合检测站三种。不同类型的检测站其功用也有所不同。

（1）安全环保检测站是一种专门从事定期检查运行车辆是否符合有关安全技术标准和防止公害等法规的规定及执行监督任务的检测站，由公安部门管理，是国家的执法机构。它一般是针对汽车行驶安全和对环境的污染程度进行总体检测，并与国家有关标准比较，给出"合格"或"不合格"的结果，而不进行具体的故障诊断和分析。其检测结果作为发放或吊扣车辆行驶证的依据。

（2）维修检测站通常由汽车运输企业或维修企业建立，其作用是为车辆维修部门服务。它以汽车性能检测和故障诊断为主要内容，这种检测站通过对维修前的汽车进行技术状况检测和故障诊断，可以确定汽车附加作业、小修项目以及车辆是否需要大修；同时通过对维修后的汽车进行技术检测，可以监控汽车的维修质量。

（3）综合检测站既能担负车辆安全、环保方面的检测任务，又能担负汽车维修中的技术检测，还能承担科研、制造和教学等部门的有关汽车性能试验和参数的测定。这种检测站设备多而齐全，自动化程度高，既可以进行快速检测，以适应年检要求，又可以进行高精度的测试，以满足技术评定的需要。这种检测站的检测结果可作为交通运输管理部门发放或吊扣营运证的依据，以及作为确定维修单位车辆维修质量的凭证。

汽车综合性能检测站一般由两条线组成：一条是安全环保检测线，另一条是综合性能检测线。检测项目既保留了安全环保的检测项目，又增加了汽车动力性、经济性、可靠性等内容，同时还加入了一些诊断功能，如发动机故障诊断、四轮定位故障诊断等。

2）按检测站的工作职能分类

按工作职能分类，检测站可分为 A 级站、B 级站和 C 级站三级。不同级别的检测站其工作职责不同。

A 级站是能全面承担汽车技术状况检测、车辆技术等级评定检测、维修质量检测和接受有关部门委托对汽车及相关项目进行检测的汽车综合性能检测站。其检测内容有：车辆的制动、侧滑、灯光、转向、前轮定位、车速、车轮动平衡、底盘输出功率、燃料消耗、发动机功率和点火系统状况以及异响、变形、噪声、废气排放等。

A 级站一般设置两条检测线，如图 1-2-2 所示，一条为安全环保检测线，主要承担车管部门对车辆年审的任务；另一条为综合检测线，主要承担对车辆技术状况的检测与诊断任务。

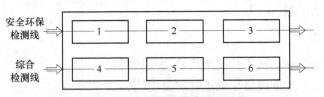

图 1-2-2　A 级站检测线布置示意图

1—外观检查工位；2—侧滑制动车速表工位；3—灯光尾气工位；4—外观检查及车轮定位工位；
5—制动工位；6—底盘测功工位

B 级站是能承担汽车技术状况检测和维修质量检测任务的汽车综合性能检测站。其检测内容有：车辆的制动、侧滑、灯光、转向、车轮动平衡、燃料消耗、发动机功率和点火系统状况以及异响、变形、噪声、废气排放等。

C 级站是能承担在用车辆技术状况检测任务的汽车综合性能检测站。其检测内容有：车辆的制动、侧滑、灯光、转向、车轮动平衡、燃料消耗、发动机功率以及异响、变形、噪声、废气排放等。

3）按检测线数量不同分类

按检测线数量不同，检测站可分为单线检测站、双线检测站和三线及以上检测站等多种。我国目前在使用的车辆检测站大多为单线或双线检测站，三线及以上的检测站极少。

3. 检测线的工位设置

一般的检测线有3~5个工位，工位数太少，检测效率低；而工位数太多，则检测线太长，占地太多。为了提高检测效率，可将几个检测项目在一个工位同时检测，但同时应使各工位检测所用时间大致相同。另外，有些检测项目之间有先后顺序要求，如称轴重一定要在测制动之前进行。由于检测排气、烟度和校验车速表时要排除较多的废气，同时噪声较大，故这些项目的检测尽量不安排在检测线的中间。

1）四工位安全检测线设备布置图（见图1-2-3）

（1）车体上部的外观检查工位，称为 L 工位（Lamps and Safety Device Inspection）。

（2）侧滑制动车速表工位，称为 ABS 工位（A—Alignment，侧滑试验台；B—Brake Tester，制动试验台；S—Speedometer，车速表试验台）。

（3）灯光尾气工位，称为 HX 工位（H—Headlight，前照灯检验仪；X—Exhaustgas Tester，废气分析仪）。

（4）车底检查工位，称为 P 工位（Pit Inspection）。车底检查要设置地沟。

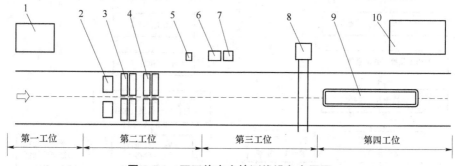

图 1-2-3 四工位安全检测线设备布置图

1—入口计算机房；2—侧滑试验台；3—制动试验台；4—车速表试验台；5—声级计；6—废气分析仪；
7—烟度计；8—前照灯检验仪；9—地沟；10—主控计算机房

2）国产五工位全自动安全检测线设备布置图（见图1-2-4）

五工位一般是汽车资料输入及安全装置检查工位、侧滑制动车速表工位、灯光尾气工位、车底检查工位、综合判定及主控室工位。

4. 汽车检测站的检测工艺

对于一个独立而完整的检测站，汽车进站后的工艺路线流程如图1-2-5所示。

检测工艺流程即某一汽车接受检测的全过程。以全自动安全环保检测线的全工位检测为例予以说明。

1）汽车资料输入及安全装置检查工位

（1）汽车资料输入。汽车资料登录计算机一般放置在进线控制室或检测线入口处，由登录员操作。经过清洗并已吹干的汽车在检测线入口处等候进线。进线指示灯红色为等待，绿

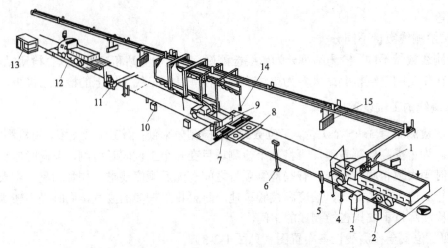

图 1-2-4　国产五工位全自动安全检测线

1—进线指示器；2—烟度计；3—汽车资料登录计算机；4—安全装置检查不合格项目输入键盘；5—烟度计；6—电视摄像机；7—制动试验台；8—侧滑试验台；9—车速表试验台；10—废气分析仪；11—前照灯检测仪；12—车底检查工位；13—主控室；14—车速表检测申报开关；15—检验程序指示器

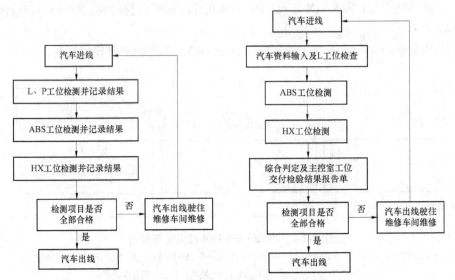

图 1-2-5　汽车进站后的工艺路线流程

色（或蓝色）为开进。当绿色指示灯亮时，汽车进入检测线停在第一工位上，由登录员根据行车执照和报检单，向计算机输入被检车辆资料，并发往主控制计算机，由主控制计算机安排检测程序。这些资料包括车牌号、发动机号、底盘号、厂牌型号、车主、燃料类别、灯制、驱动型式、车辆状况（新车或在用）、检验类型（初检或年检）、检验次数等。

（2）安全装置检查工位。汽车在本工位停稳后，由检查人员进行汽车上部的灯光和安全装置的外观检查（Lamps and Safety Device Inspection），可简称为 L 工位。

2）侧滑制动车速表工位

第一工位检查完毕后，根据工位指示器提示，受检车辆驶入第二工位进行侧滑制动车速表检测。本工位由侧滑检测（Alignment Inspection）、轴重检测（Weight Inspection）、制动检测（Brake Test）和车速表检测（Speedometer Test）组成，简称 ABS 工位。

受检车进入第二工位后,若是一般后驱动后驻车制动(手制动作用在后轮)的车,则按以下程序进行。

(1)侧滑检测:让汽车低速驶过侧滑试验台,此时不可转动转向盘。通过后,第二指示器即可显示侧滑检测结果。

(2)将前轮驶上轴重仪测量前轴重。将前轮驶上制动试验台测量前轴制动力,按工位指示器的提示,将制动踏板踩到底,即可测得前轴制动效果,此时指示器会显示出检测结果。若结果不合格,允许重测一次。

(3)后制动检测时,将后轮驶上制动试验台,按指示器的提示踩住制动踏板,指示器会显示后制动结果。若不合格,允许重测一次。

(4)测量驻车制动(手制动)方法与测量前、后轮制动相同。可按指示器的提示拉住手制动杆。若不合格,允许重测一次。

(5)车速表校验时,将后轮驶上车速表试验台,驾驶员手持测试按钮。慢踩加速踏板(油门),当车速表指示 40 km/h 时按下测试控钮,指示器可显示检测结果。若不合格,允许重测一次。测完后放松加速踏板,使车轮停转。

3)灯光尾气工位

本工位主要由前照灯检测(Head Light Test)、排气检测(Exhaust Gas Test)、烟度检测(Diesel Smoke Test)和喇叭声级检测(Noise Test)组成,简称 HX 工位。

受检车进入该工位后,按以下步骤操作:

(1)将汽车停在与前照灯检测仪一定距离处(一般距离是 3 m),面向正前方。前照灯检测仪会自动驶入,分别测量左右灯远光的发光强度和照射方向。检测结果会在工位指示器上显示。

(2)按指示器要求检测废气或烟度。测废气时,令发动机处于怠速状态,将探头插入排气管,几秒后指示器即显示检测结果。测烟度时,应在发动机怠速状态下,将加速踏板迅速踩到底,几秒后指示器也会显示检测结果。烟度检测要求测三次,取平均值。

(3)噪声或喇叭音量测试时,按提示要求按喇叭约 2 s,或按要求测量车内噪声。测完后,指示器会显示检测结果。

4)车底检查工位

车底检查(Pit Inspection)工位,简称 P 工位。此工位以人工方式检查车底情况,如部件连接是否牢固及有无变形、断裂,水、电、油、气有无泄漏等。检测人员通过对讲机或自制的按钮板等设备,将结果送至主控制计算机。主控制计算机判定结果时,只要有一项不合格,即判定车底检查不合格,并通过工位检验程序指示器显示判定结果。

5)综合判定及主控室工位

汽车到达本工位时检测项目已全部检测完毕,主控制计算机对各工位的检测结果进行综合判定后,由打印机集中打印检测结果报告单,并由检测长送给被检车汽车驾驶员。

检测不合格的汽车需送修理厂修理,然后再进行复检。

 1.3 知识能力拓展

汽车检测技术的发展

中国汽车检测技术的发展也经历了一个渐进的过程。从无到有,从小到大,从引进技术、

引进检测设备,到自主研究开发推广应用,从单一性能检测到综合检测,取得了很大的进步。在充分肯定国内汽车检测行业发展现状的同时,应当清醒地看到其不足的方面,认清发展方向,在汽车检测技术条件规范化、检测设备管理网络化、检测设备智能化和检测人员专业化等方面进行提升。

1.3.1 实现汽车检测制度化和标准化

我国应该加强法制化建设。汽车检测涉及的利益群体面广、量大,坚持以优质服务、秉公办事,争取被全社会广泛认可,最大限度地获取社会效益,对汽车检测行业的发展极为重要。要加强制度建设,设置警示"高压线",动真碰硬,使检测人员不能违规。要建立健全内外监督体制,形成层层防范局面,消除检测人员的侥幸心理,使他们不敢违规。

在国外,车辆排放控制措施主要是通过车检维护制度来实现的。这一制度包括各种车辆管理机构例行年检、车辆使用者定期检查和维护等,具体情况可因国家、城市不同而异。发达国家的汽车检测有一整套标准,受检车辆的技术状况要以标准中的数据为准则。其检测结果有量化指标,避免了主观上的误差。由于实现了检测工作的制度化、检测技术的标准化,不仅提高了检测效率,也保证了检测质量。

我国对检测站的管理控制系统、检测项目、检测仪器设备、环境场地和人员配备等都作出了明确规定。技术条件如下:

(1) 按大、小车型分线检测的原则(条件受限制的老站可按大、小车混合线布置)。
(2) 符合国家标准《汽车综合性能检测站通用技术条件》(GB/T 17993—2005)。
(3) 检测能力应能满足国家标准《汽车维护、检测、诊断技术规范》(GB/T 18344—2016)、《营运车辆综合性能要求和检测方法》(GB/T 18565—2014)的要求。
(4) 计算机管理控制系统应符合国家、行业有关标准以及各市运政信息管理系统的要求。
(5) 检测车间的消防、防雷设施应符合国家有关标准要求。
(6) 设置对外业务大厅,为客户提供休息场所;业务大厅应设置检测监控系统,为客户实时提供检测结果,接受客户的监督。由于技术条件明确,检测站升级改造后都较规范,减少了检测中人为因素及设备因素的影响,从而保证了车辆检测数据的完整性、真实性和同一性。

1.3.2 汽车检测设备管理的网络化

目前国内的汽车检测站已经被要求实现计算机联网自动控制。这种计算机控制仅仅在各站内部实现了网络化,但随着通信技术和管理的发展,今后汽车综合性能检测必将向网络化方向发展。

汽车综合性能检测站担负着汽车动力性、经济性、可靠性和安全环保等方面的检测,检测项目多且有深度,能为汽车使用、维修、科研、教学和设计等部门提供可靠的技术依据。汽车综合性能检测只有向网络化发展,才能实现信息资源、硬软件资源共享,极大程度地提高管理效率。当然,这需要相当长的路,可以分段来走。先在汽车检测行业统一数据接口方式,推广站内局域网,然后在站内局域网已经或接近普及的地区建立地市级广域网,进而在地市级广域网比较普及的地区建立省市级广域网,并在此基础上利用信息高速公路将全国的汽车检测站联成一个网,在全国范围内实现信息资源、硬件资源、软件资源的共享,让各级主管部门可以及时了解各地区车辆的技术状况。

1.3.3 汽车检测设备智能化

目前，汽车综合性能检测站配置的主要检测设备有底盘测功机、车速试验台、烟度计、不透光烟度计、废气分析仪、大灯仪、制动试验台和前轮定位仪等。随着汽车技术的发展，特别是电子技术、计算机技术在汽车上的应用，汽车故障诊断从传统的听、看、闻经验诊断方式，发展为以集成化、智能化的诊断设备为手段，以信息技术为依托的现代汽车故障诊断技术。汽车诊断从人工定性检查质变为利用设备、仪器的定量检测；从现场或试车发展为相关性试验台架的测试。无论是国内还是国外，汽车诊断技术均发生了质的飞跃。

1. 汽车检测与诊断的目的是确定汽车技术状况和工作能力，查明故障部位、故障原因，为汽车继续运行或维修提供依据。

2. 检测标准是对汽车检测的方法、技术要求和限值等的统一规定，我国执行四级标准：国家标准、行业标准、地方标准和企业标准。检测参数标准仅是对检测参数限值的统一规定，是检测标准的一部分，有时也简称检测标准。

3. 汽车检测站是综合运用现代检测技术，对汽车实施不解体检测、诊断的机构。它具有现代的检测设备和检测方法，能在室内检测出车辆的各种参数，并诊断出可能出现的故障，为全面、准确评价汽车的使用性能和技术状况提供依据。

练习与思考

1. 检测参数有哪些类型？
2. 汽车检测站的任务是什么？
3. 简述安全环保检测站的工艺路线。

项目二

汽车安全性能检测

汽车安全性能检测是指在不解体车辆的情况下利用专用的检测设备，对影响汽车安全性能的指标进行检测。目的是在汽车不解体的情况下建立安全和公害监控体系，确保汽车具有符合要求的外观和车貌、良好的安全性能以及环境相容性，最终在安全、高效和低污染状态下运行。

本项目主要介绍了车辆外观、灯光系统检查，前照灯技术状况检测，车速表检测，车轮平衡度检测，底盘部件检测和汽车制动性能检测。

通过本项目的学习，学生能正确使用汽车检测仪器和设备，掌握汽车检测与诊断的方法；根据检测数据评判车辆的技术状况、分析技术数据，能提出提高车辆技术性能的方式或方法。

任务1　检查车辆外观、灯光系统

1. 能够明确全车用电器检查内容。
2. 能够熟练配合完成二人灯光检测的操作方法和手势。
3. 能够掌握全车用电器的操作和检查方法。
4. 能够准确找到车辆外部损伤部位。
5. 具有团队精神和协作精神。
6. 具有良好的心理素质和克服困难的能力。
7. 具有与客户建立良好、持久关系的能力。
8. 具有承担责任的意识。

能力目标	知识要点	权重
能够明确全车用电器检查内容	全车用电器有哪些工作内容	20%
能够熟练配合完成二人灯光检测的操作方法和手势	前部灯光的操作及检查手势； 后部灯光的操作及检查手势	40%
能够掌握全车用电器的操作和检查方法	车内灯光检查； 车内其他用电器检查	20%
能够准确找到车辆外部损伤部位	目视检查车辆外观和整洁度	20%

引例

某客户驾驶汽车在高速公路上行驶，车辆在打转向灯的情况下变道，该客户发现转向灯失效，险些酿成后方车辆追尾的交通事故。为了保证自己的行驶安全，该客户随即将车辆送至4S店进行检测，检测车辆用电器及灯光，并进行性能评价。

2.1 相关知识

2.1.1 车辆外观检查

检查送检车辆的型号、厂牌、出厂编号、车身（底盘）和发动机的型号及出厂编号、号牌号码。

（1）车身外观检查。车辆外观应整洁，各零部件应完好，连接紧固，没有缺损；车体周正，车体外缘左右对称部位高度差不得大于 40 cm；车身和驾驶室应坚固耐用，覆盖件无开裂和锈蚀，车身和驾驶室在车架上安装牢固，不能因车辆振动而引起松动；车身的外部和内部不应有任何可能使人致伤的尖锐凸起；驾驶室和乘客舱所用的内饰材料应具有阻燃性；车门和车窗应开启轻便，不得有自行开启的现象，门锁应牢固可靠，车窗密封性好，没有漏水现象；机动车驾驶室必须保证驾驶员的前方视野和侧方视野，驾驶员座位两侧的窗玻璃不允许张贴遮阳膜，其他车窗不允许张贴妨碍驾驶员视野的附加物及镜面反光遮阳膜；轿车应有护轮板，挂车后轮应有挡泥板，其他车辆的所有车轮都应有挡泥板。

（2）漏水、漏油检查。发动机停转及停车时，水箱、水泵、缸体、缸盖、暖风装置及所有连接部位均不得有明显的渗漏水现象，使机动车行驶不小于 10 km，停车 5 min 后观察，不得有明显的漏油现象。

（3）发动机检查。发动机应动力性能良好，运转平稳、怠速稳定、无异响，机油压力正常；发动机应有良好的起动性能。

（4）转向系统检查。转向盘应转动灵活，操纵方便，无阻滞现象。车轮转向过程中，不得与其他部件有干涉现象。

（5）制动系统检查。制动系统应经久耐用，不能因振动或冲击损坏。行车制动系统制动踏板的自由行程和踏板力应符合该车有关技术条件。

（6）照明、信号装置和其他电气设备的检查。灯具应安装牢靠、完好有效；所有灯光的开关应安装牢固、开关自如。机动车的前、后转向灯，危险报警闪光灯及制动灯白天距100 m可见，侧转向信号灯白天距30 m可见；后牌照灯夜间良好天气距20 m能看清牌照号码。

（7）行驶系统检查。机动车所装用的轮胎应与其最大设计车速相适应。轮胎上花纹深度符合相关技术要求。轮胎的负荷不应超过该轮胎的额定负荷，轮胎的充气压力应符合该轮胎承受负荷时规定的压力。

（8）传动系统检查。机动车的离合器应接合平稳，分离彻底，工作时不得有异响、抖动和不正常打滑等现象。踏板自由行程应符合整车技术条件的有关规定。踏板力应不大于300 N。变速器和分动器在换挡时齿轮啮合灵便，互锁和自锁装置有效，不得有乱挡和自动跳挡现象；运行中无异响；换挡时变速杆不得与其他部件干涉。

（9）安全防护装置检查。汽车的安全带应可靠有效，安装位置应合理，固定点应有足够的强度。

2.1.2 车辆外部灯光检查

1. 汽车灯光检测的必要性

为了保证汽车夜间的行车安全，灯光的亮度（发光强度）和照射方向（前照灯光轴方向）必须符合国家标准的有关规定。车灯在长期使用过程中，灯泡逐渐老化以及外部环境污染可能使车灯的发光强度降低；而汽车在行驶中受到的振动，又可能引起车灯正常安装位置的改变，从而改变其正确的照射方向。车灯的发光强度不足或照射方向不合适，将影响驾驶员的安全驾驶，或者对迎面驶来的汽车驾驶员造成炫目，妨碍视野等，这些都可能导致夜间行车事故的发生。因此，为了保证夜间行车安全，车灯的检测被列为机动车安全检测中的必检项目之一。

2. 车辆外部灯光检查及灯光测试配合手势

1）汽车灯具的分类

车辆前部灯光（见图2-1-1）包括：

图2-1-1 灯光组合

（1）示宽灯。汽车示宽灯就是车上的前位灯与后位灯。其实示廓灯和示宽灯差不多。车型不同示宽灯的位置也不相同。小车上的示宽灯俗称小灯；一般大车体积大，前后两侧的灯称为示宽灯；货车上的示宽灯俗称边灯。

（2）示廓灯。示廓灯是安装在车辆最外缘和尽可能靠近最高的顶部附近，用来表明车宽的灯具，对于某些车辆和挂车，常用来补充前、后位灯，以引起对其整体的特别关注。

（3）近光灯。近光灯是照明车辆前方道路，且对来车驾驶员和其他道路使用者不造成炫目或不舒适感的灯具。

（4）驻车灯。驻车灯是在临时停车熄火时对车辆、路人等周边环境起安全提醒作用的警示灯，以提示汽车位置。驻车灯开启时，大灯会亮起，但灯光强度较弱，同时尾灯亮起，以起到安全提示作用。

（5）远光灯。远光灯是照明车辆前方远距离道路的灯具。

（6）雾灯。雾灯是用于雾、雪、雨或尘埃情况下的照明灯具。

（7）转向灯。转向灯是用于向其他道路使用者表明车辆将向右或向左转向的灯具，包括前转向灯、后转向灯、侧转向灯等。

（8）安全警告灯。安全警告灯俗称双闪灯（或双蹦灯），这种灯是出于安全的考虑设置的。

车辆后部灯光包括：

（1）倒车灯。倒车灯是照明车辆后方道路和警告其他道路使用者，车辆正在倒车的灯具。

（2）制动灯。制动灯是向车辆后方其他道路使用者表明车辆正在制动的灯具。制动灯可以通过换减速器或类似装置点亮。

（3）牌照灯。牌照灯主要用于照明车牌，使人们在黑夜中辨别车辆牌照。

（4）倒车雷达。倒车雷达是汽车驻车或者倒车时的安全辅助装置，能以声音或者更为直观的显示告知驾驶员周围障碍物的情况，解除了驾驶员驻车、倒车和起动车辆时前后、左右探视所引起的困扰，并帮助驾驶员扫除了视野死角和视线模糊的缺陷。

2）车辆灯光检查

车辆灯光检查由两人配合完成，一人在驾驶室内操纵灯光开关，同时检查开关、仪表警示灯、室内灯的使用状况；另一人在车外前后、左右观察各种灯光的工作情况，并通过手势与驾驶室内人员沟通。

 特别提示

灯光检查耗电量较大，作业时发动机应处于运转状态。

（1）示宽灯、尾灯、牌照灯、仪表照明灯检查。将灯光总开关置于小灯位置，在车前观察示宽灯点亮状况，在车后观察尾灯和牌照灯点亮状况，同时在驾驶室内观察仪表照明灯点亮状况。

（2）雾灯检查。将灯光总开关置于小灯位置，打开雾灯开关，观察雾灯点亮状况。

注意：雾灯一般是在灯光总开关置于小灯位置时工作。

（3）大灯近光检查。将灯光总开关从小灯位置置于大灯位置，且开关上下处于近光位置（上下之间的中位），在车前观察大灯近光工作状况。

（4）大灯远光检查。将灯光总开关从近光位置向下推到远光位置（上下之间的下位），在车前观察大灯远光点亮状况，从仪表盘上观察远光指示灯点亮状况。

远、近光转换如图 2-1-2 所示。

（5）大灯闪光检查。将灯光总开关置于"OFF"位置，上拉开关置于闪光位置（上下之间的上位），在车前观察大灯是否闪亮，从仪表盘上观察远光指示灯是否闪亮。

 特别提示

大灯闪光即表示超车信号，超车时前方车辆会很容易收到该信号。

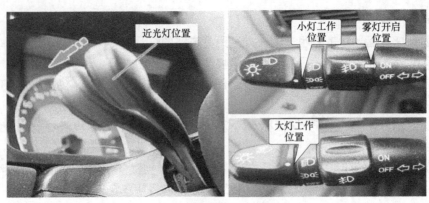

图 2-1-2　远、近光转换

（6）转向灯及转向开关自动回位检查，如图 2-1-3 所示。

左侧转向灯检查：将点火开关置于"ON"位置，转向开关置于左侧转向位置，观察车辆左侧前、后、侧面转向灯点亮状况，同时观察仪表盘左侧转向指示灯点亮状况。将转向盘向右侧转动，检查转向开关是否能自动回位。

右侧转向灯检查：将点火开关置于"ON"位置，转向开关置于右侧转向位置，观察车辆右侧前、后、侧面转向灯点亮状况，同时观察仪表盘右侧转向指示灯点亮状况。将转向盘向左侧转动，检查转向开关是否能自动回位。

（7）安全警告灯检查，如图 2-1-4 所示。按下安全警告灯开关，观察车辆前后、左右所有的转向灯是否点亮，仪表盘上危险信号指示灯是否点亮。

图 2-1-3　转向开关

图 2-1-4　安全警告灯检查

思考：在什么情况下使用安全警告灯？

（8）制动灯检查。将灯光总开关置于小灯位置，踩下制动踏板，观察车辆后方制动灯（包含高位制动灯）是否点亮。

特别提示

制动灯和尾灯共用一个双尾灯泡，尾灯灯丝的功率约为 5 W，制动灯灯丝的功率约为 21 W，因此，检查制动灯点亮时，应以尾灯亮起为基础，确认制动灯是否工作正常。

(9)倒车灯检查,如图 2-1-5 所示。点火开关置于"ON"位置(有的车型不用),变速手柄置于倒挡位置,在车后观察倒车指示灯是否点亮。

图 2-1-5　倒车灯检查

3)车辆灯光测试配合手势
(1)前示宽灯:立正,双臂向两边平张,手掌向内侧,如图 2-1-6 所示。

图 2-1-6　前示宽灯测试配合手势

(2)近光灯:立正,双臂向前伸直,手掌向下斜指地面,如图 2-1-7 所示。

图 2-1-7　近光灯测试配合手势

（3）远光灯：双手向前，双臂向上弯曲，手掌摊开，掌心朝后，如图2-1-8所示。

图 2-1-8　远光灯测试配合手势

（4）前雾灯：立正，双臂平行向前伸直，双手握起，拇指向下，如图2-1-9所示。

图 2-1-9　前雾灯测试配合手势

（5）前右转向灯：立正，左手向左伸直，手掌向下，四指和拇指做闪烁指示动作，如图2-1-10所示。

图 2-1-10　前右转向灯测试配合手势

（6）前左转向灯：立正，右手向左伸直，手掌向下，四指和拇指做闪烁指示动作，如图 2-1-11 所示。

图 2-1-11　前左转向灯测试配合手势

（7）前安全警告灯：立正，双臂向两边平张，手掌向下，四指和拇指做闪烁指示动作，如图 2-1-12 所示。

图 2-1-12　前安全警告灯测试配合手势

（8）前右驻车灯：立正，左手向左伸直，手掌向内侧，如图 2-1-13 所示。

图 2-1-13　前右驻车灯测试配合手势

（9）前左驻车灯：立正，右手向右伸直，手掌向内侧，如图 2-1-14 所示。

图 2-1-14　前左驻车灯测试配合手势

（10）左后驻车灯：立正，左手向左伸直，手掌向内侧，如图 2-1-15 所示。

图 2-1-15　左后驻车灯测试配合手势

（11）右后驻车灯：立正，右手向右伸直，手掌向内侧，如图 2-1-16 所示。

图 2-1-16　右后驻车灯测试配合手势

（12）后示宽灯：立正，双臂向两边平张，手掌向内侧，如图 2-1-17 所示。

图 2-1-17 后示宽灯测试配合手势

（13）后雾灯：立正，双臂平行向前伸直，双手握起，拇指向下，如图 2-1-18 所示。

图 2-1-18 后雾灯测试配合手势

（14）左后转向灯：立正，左手向左伸直，手掌向下，四指和拇指做闪烁指示动作，如图 2-1-19 所示。

图 2-1-19 左后转向灯测试配合手势

（15）右后转向灯：立正，右手向右伸直，手掌向下，四指和拇指做闪烁指示动作，如图 2-1-20 所示。

图 2-1-20　左后转向灯测试配合手势

（16）后安全警告灯：立正，双臂向两边平张，手掌向下，四指和拇指做闪烁指示动作，如图 2-1-21 所示。

图 2-1-21　后安全警告灯测试配合手势

（17）后刹车灯：立正，双手平行向前，手掌向下，如图 2-1-22 所示。

图 2-1-22　后刹车灯测试配合手势

（18）后倒车灯：立正，双臂平行向前升起，手掌向后，如图2-1-23所示。

图2-1-23　后倒车灯测试配合手势

（19）倒车报警装置和牌照灯：检查倒车雷达及牌照灯工作是否正常，正常举起右手做"OK"动作，如图2-1-24所示。

图2-1-24　倒车雷达及牌照灯测试配合手势

3）车辆内部灯光及用电器检查

（1）仪表警示灯检查，如图2-1-25所示。正确起动发动机，观察所有警示灯是否同时亮起、自检后除驻车制动器指示灯之外的所有警示灯是否熄灭。

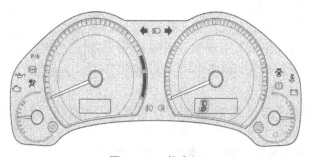

图2-1-25　仪表灯

思考：你所检查车型仪表盘上有多少种仪表警示灯？

（2）室内照明灯检查，如图 2-1-26 所示。将室内照明灯开关由"OFF"位置旋至"ON"位置，观察室内照明灯点亮状况，然后将开关置于"DOOR"位置。

图 2-1-26　阅读灯

（3）检查后备厢及储物盒照明灯，如图 2-1-27 所示。分别打开副驾驶储物盒和汽车后备厢，检查储物盒和后备厢内照明灯点亮情况。

图 2-1-27　储物盒照明灯及后备厢照明灯

（4）车内其他用电器检查，如图 2-1-28 所示。

首先检查收音机和 CD 机是否正常：

① 打开 CD 机并旋转音量调节旋钮，检查音量控制是否正常，并注意驾驶室内各个扬声器是否正常。

② 在 CD 机与收音机功能之间切换，分别检查调频是否正常、CD 读碟是否正常。

其次检查空调系统是否正常：

① 首先打开鼓风机旋钮至各个挡位，检查鼓风机各个挡位是否正常。

② 将鼓风机风量调至最大，并调节出风模式选择装置，检查各个出风模式是否正常。

③ 将鼓风机风量开至最大，调节出风模式为最大风量。起动发动机并打开"A/C"开关，检查出风口是否有凉风吹出。

④ 在打开空调情况下操纵温度控制开关，并用红外温度仪检测出风口温度是否随温度调节改变。

再次检查雨刮器及风窗清洗功能，如图 2-1-29 所示。

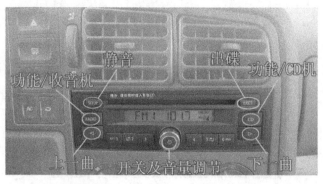

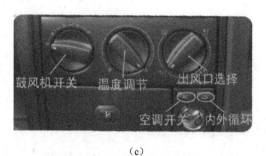

图 2-1-28 收音机、CD 机、空调

(a) CD 机；(b) 收音机；(c) 空调

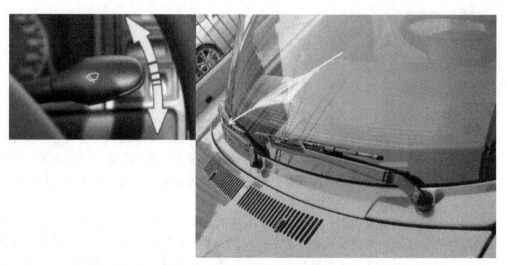

图 2-1-29 雨刮器

① 打开点火开关，上下扳动雨刮开关，分别检查各个挡位工作是否正常、雨刮器是否存在卡滞现象、雨刮器回位是否正常。

② 向转向盘方向扳动雨刮器开关，观察喷水嘴喷水形状及位置是否合理。

最后检查点烟器（见图 2-1-30）及其他用电器。

① 按动转向盘中间的喇叭开关，检查喇叭是否正常。

② 将点烟器按下，检查其是否能够正常弹起。

图 2-1-30 点烟器

2.2 任务实施

2.2.1 车辆外观检查

1. 任务实施目标

（1）能够明确全车用电器检查内容。
（2）能够掌握全车用电器的检查和操作方法。
（3）能够准确找到车辆外部损伤部位。

2. 任务实施准备

大众朗逸轿车（或其他车型）一辆；举升机一台；专用工具一套，通用工具1~2套；发动机舱防护罩一套；"三件套"（座椅套、转向盘套、脚垫）一套；学生必须着工装、穿工鞋。

3. 任务实施步骤

1）检查车辆外观

（1）慢慢地绕着车走一圈看车身有没有明显的漆面外伤，车辆在数千公里的运输途中免不了会沾染上一些脏东西，有的新车车头、车侧就会有很多飞虫的尸体，这些位置一定要仔细检查，确保没有剐蹭、漆面没有问题，同时观察防撞条粘贴、安装是否平整，挡泥板安装是不是牢固。

（2）蹲下让眼睛与检查面在一个平面上，仔细看看有没有小坑，打开车门推拉几个角度让光线从不同的角度照射来检查钣金是否平整。因为车体钢板轻微的凹陷近距离是不容易发现的，而凹陷地方的反光有别于其他地方，所以采用这种方法很容易发现这些小凹陷。

2）检查各车门

（1）分别拉开四个车门，检查对应的左右两个车门开门力度及各阻尼段的阻力是否相同，然后观察车门是否有下垂现象，将车门慢慢打开到推不动的位置，感觉限位开关是否起作用。

（2）把车门拉开一个很小的角度，然后轻轻关车门（注意一定要轻），听关门声音是否有尖锐的撞击声，有撞击声说明阻尼和密封不好。

（3）检查完车门的漆面和钣金后，检查各车门的密封条。用手顺着密封条方向滑动，稍微用点力，看密封条是否均匀、粘贴是否平整、每一块手感是否一样、按在上面是否有弹性。

（4）最后检查后备厢门，看看开合是否顺畅，特别是锁止是否正常、里面的照明灯是否能正常工作。同时检查下备胎，看看备胎是否完好、气压是否正常。备胎和随车工具一般都在一起，检查工具的同时也可以熟悉下这些工具怎么使用。

3）检查钣金接缝和轮胎

（1）检查车身各个部分接缝是否均匀，每个车门、机器盖、后备厢都打开、关闭几次检查机构运转，观察玻璃、大灯、塑料件有没有裂纹。特别是车体两侧对应的缝隙一定要均匀。

（2）各灯组与车体的接缝是检查的重点，一定要用手触摸，装配良好的车接缝很均匀、紧密，对应位置给人的感觉完全是一样的。一些低档车如果车体钣金不是特别好的话，这里的接缝就会暴露出钣金质量问题。

（3）轮胎的检查，先看看胎面有没有磨损、轮胎上的毛刺是否完整，如果不能确定，可以将轮胎和备胎进行对比。

4）检查座椅内饰

（1）检查座椅，折叠推拉，用力往下坐或前后移动一下，听听有没有松动的声音。如果是电动座椅，看看电动机工作是否平稳，有没有异响。检查完后关闭车窗，用力关下车门，听声音，有沉重感的说明密封很好。

（2）打开所有车门，看仪表台上下结合是否正常，接缝是否均匀，接缝的地方用手压看有没有松动，用手掌轻轻拍打中控台，听是否有由于安装不好而产生的松旷振动声音。门板与内饰板之间是用卡子连接的，用手指轻轻往外拉内饰板的边缘，看卡子是否安装好了。同样的方法检查 A、B、C 柱上的内饰板。

（3）车内的各储物格、手套箱、遮阳板等也都开合几次，看是否工作正常。

5）检查发动机舱

（1）打开发动机盖，首先看整个机舱是否干净整洁，如果很脏，而且有油污渗漏，这辆车肯定是以前频繁使用过的车。

（2）听发动机怠速的声音，用大拇指按住发动机上的塑料盖子，用力压住，感受发动机传到胳膊上的振动是否平稳，是否有固定的频率，确保不要有凌乱的振动。让车上的人踩下加速踏板，听发动机加速运转的声音是否平滑，有没有凌乱的感觉，加速是否灵敏。

（3）最后检查发动机舱里的各种液面是否在正常的位置、机油的颜色是否正常。

到这里一辆新车的静态检查就算完成了，一般情况下车辆基本上没有什么问题了。最后可以简单试开一圈，看看发动机变速箱的响应是否正常，左右打方向，有意地过几个减速带，看看车辆的悬架机构是否正常。

2.2.2　车辆灯光系统及其他用电器检查

1. 任务实施目标

（1）能在教师指导下，明确教师下达的任务要求。

（2）能够识别汽车照明系统组成，并叙述其功用。

（3）能够根据查阅资料获取的信息，在教师讲授和小组讨论的基础上完成工作内容。

（4）能熟练做出汽车灯光检查手势。

（5）能以小组协作方式，在教师指导下，按照规范要求进行车辆灯光外部检查。

（6）能够锻炼自身的语言表达能力。

2. 任务实施准备

大众朗逸轿车（或其他车型）一辆；举升机一台；专用工具一套，通用工具 1~2 套；发动机舱防护罩一套；"三件套"（座椅套、转向盘套、脚垫）一套；学生必须着工装、穿工鞋。

3. 任务实施步骤

（1）车辆外部灯光检查。车辆灯光检查由两人配合完成，一人在驾驶室内操纵灯光开关，同时检查开关、仪表警示灯、室内灯的使用状况；另一人在车外前后、左右观察各种灯光的工作情况，并通过手势与室内人员沟通。

（2）车辆内部灯光及用电器检查。

（3）填写任务单。

1. 车辆灯光的分类。
2. 二人灯光检查的操作方法和手势。
3. 前部灯光的操作及检查手势。
4. 后部灯光的操作及检查手势。
5. 车内灯光的识别与检查。
6. 车内其他用电器的识别与检查。

一、判断题

1. 大灯闪光检查时，不论灯光总开关是否打开，只要向上拉起开关至顶位，大灯远光就会点亮。（   ）
2. 一般情况下，防雾灯不受灯光总开关控制，只要接通防雾灯开关，该灯就会点亮。（   ）
3. 后尾灯功率大于制动灯功率。（   ）
4. 有些汽车设置了高位制动灯，主要目的是踩刹车时后部灯光更加绚丽、美观。（   ）
5. 车防雾灯发光颜色一般为黄色。（   ）

二、选择题

1. 汽车倒车信号灯的灯罩颜色为（   ）。

   A. 红色　　　　　　B. 白色　　　　　　C. 橙色

2. 汽车制动灯的灯罩颜色为（   ）。

   A. 红色　　　　　　B. 白色　　　　　　C. 橙色

3. 汽车尾灯和制动灯为双尾灯泡，其中，功率较大的灯丝为（   ）。

   A. 制动灯　　　　　B. 尾灯　　　　　　C. 不能确定

4. 有的车型转向灯带故障报警功能，当其中一只转向灯灯泡发生断路故障时，该侧转向灯就（   ），发出信号，提醒驾驶员及时更换灯泡。

   A. 不闪烁　　　　　B. 快速闪烁　　　　C. 慢速闪烁

5. 作为超车信号的灯光为（   ）。

   A. 左侧转向信号灯　　B. 危险信号灯　　　C. 大灯远光

任务 2　检测前照灯技术状况

1. 了解汽车前照灯结构组成。
2. 熟悉前照灯检测标准和检测规范。
3. 理解前照灯检测仪的工作原理。
4. 熟悉前照灯检测仪的使用方法。
5. 能对前照灯不合格的原因进行分析。

能力目标	知识要点	权重
能够说明前照灯各组成部分及功能	前照灯结构组成	20%
能够描述前照灯检测仪的工作原理	前照灯检测仪	20%
会使用检测仪检测前照灯技术状况	前照灯检测标准和检测规范	40%
熟悉前照灯检修方法	前照灯维护和调整方法	20%

 引例

一辆桑塔纳轿车前照灯照射不远，灯光较弱。驾驶员要求更换前照灯，以防止行车事故。

 2.2　相关知识

2.2.1　前照灯检测的必要性

前照灯是汽车在夜间或在能见度较低的条件下，为驾驶员提供行车道路照明的重要设备，而且也是驾驶员发出警示、进行联络的灯光信号装置。所以前照灯必须有足够的发光强度和正确的照射方向。由于在行车过程中汽车受到振动，可能引起前照灯部件的安装位置发生变动，从而改变光束的正确照射方向，同时，灯泡在使用过程中会逐步老化，反射镜也会受到污染而使其聚光性能变差，导致前照灯的亮度不足。这些变化，都会使驾驶员对前方道路情况辨认不清，或在与对面来车交会时造成对方驾驶员炫目等，从而导致事故的发生。因此，前照灯的发光强度和光束的照射方向被列为机动车运行安全检测的必检项目之一。

1. 有关照明的一些基本概念

1) 电功率

电功率指灯丝上的电压和流过的电流的乘积，单位为 W（瓦）。一般前照灯的功率为 40～75 W，其中远光灯比近光灯功率略大一些。

2）发光强度（I_v）

发光强度表示光源发光强弱的程度，单位是 cd（坎德拉）。

发光强度单位是指一个光源在给定方向上发出频率为 540×1 012 Hz 的单色辐射，且在此方向上的辐射强度为 $\frac{1}{683}$ W/sr（即 1/683 W 每球面度），则此光源在该方向上的发光强度为 1 cd。

3）照度

照度表明物体被光照亮的程度，用 E_v 表示，单位是 lx（勒克斯）。照度与光源的发光强度成正比，与物体到光源的距离的平方成反比。

$$E_v = I_V / L^2$$

式中，E_v——物体的照度（lx）；

I_v——发光强度（cd）；

L——物体到光源的距离（m）。

4）照明视距

人要想看清远处的物体，物体需要的最低照度大约可按下式计算：

$$E_{vmin} = 0.2 + 0.01L$$

式中，E_{vmin}——物体所需最低照度（lx）；

L——人到物体的距离（m），也称为"照明视距"。

思考：要想汽车驾驶员能够看清前方 100 m 处的物体，前照灯的发光强度至少应为多少？

2. 前照灯的结构

1）组成

汽车前照灯由灯泡（光源）、反射镜和配光镜三部分组成。

（1）灯泡。

目前汽车前照灯用灯泡有普通灯泡、卤钨灯泡和高压放电氙灯等类型。为了满足汽车前照灯的防炫目要求，灯泡具有远光和近光两根灯丝。

普通灯泡用钨丝制成，灯泡内充满氩、氖和氮的混合惰性气体。充入惰性气体可以在灯丝发热膨胀后增加玻璃壳内的压强，减少钨的蒸发，从而提高灯丝的设计温度和发光效率，延长灯泡的使用寿命。

卤素灯就是在灯泡内渗入少量的惰性气体碘，从灯丝蒸发出来的钨原子与碘原子相遇发生反应，生成碘化钨化合物，当碘化钨化合物接触白热化的灯丝（温度超过 1 450 ℃）时，又会分解还原为钨和碘，钨又重新归队回到灯丝中去，碘则重新进入气体中。如此循环，灯丝几乎不会烧断，灯泡也不会发黑，所以它要比传统的白炽前照灯寿命更长、亮度更大。白炽灯、卤素灯结构如图 2-2-1 所示。

新型高压放电氙灯由弧光灯组件、电子控制器和升压器三大部件组成，其外形及原理如图 2-2-2 所示。灯泡发出来的光色和日光灯相似，亮度是卤素灯的 3 倍左右，寿命是卤素灯的 5 倍，克服了传统灯的缺陷，几万伏的高压使其光亮强度增加，完全满足汽车夜间高速行驶的需要。

（2）反射镜。

反射镜由薄钢板冲压或由玻璃、塑料制成，其表面呈旋转抛物面。其内表面进行镀银、镀铝或镀铬，经抛光加工而成。反射镜的作用是将灯泡的散射光反射汇聚成平行光束，增加光强度，保证车前 150～400 m 范围内得到足够的照明。

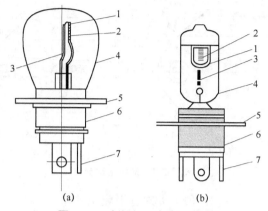

图 2-2-1　白炽灯、卤素灯结构
(a) 白炽灯泡；(b) 卤素灯泡
1—配光屏；2—近光灯丝；3—远光灯丝；4—灯壳；5—定焦盘；6—灯头；7—插片

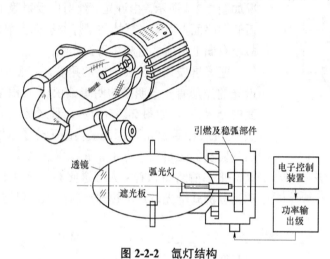

图 2-2-2　氙灯结构

（3）配光镜。

配光镜是由透镜和棱镜组合而成的散光玻璃，其外形一般为圆形或方形，配光镜的外表面平滑，内侧精心设计成由许多特殊的凸透镜和棱镜组成的组合体。配光镜的作用是将反射镜反射出来的光线进行散射与折射，以扩大光照范围，使前照灯 100 m 以内的路面和路缘有均匀的照明，使照射区域的光照度分布符合标准要求。

2）配光制

为了防炫目，前照灯的灯泡一般采用双灯丝结构，一根为远光灯丝，另一根为近光灯丝。双丝灯泡的前照灯，按近光的配光不同，分为对称形和非对称形两种不同的配光制。

（1）对称形配光。

远光灯丝位于反射镜的焦点上，而近光灯丝则位于焦点的上方并稍向右偏移（从灯泡向反射镜看去），其工作情况如图 2-2-3 所示。

当用远光灯丝时，灯丝发出的光线经反射镜反射后，沿光学轴线平行射向远方，如图 2-2-3（a）所示。

当用近光灯丝时，倾向路面的光线占大部分，从而减小了对迎面来车的驾驶员的炫目作用，如图 2-2-3（b）所示。

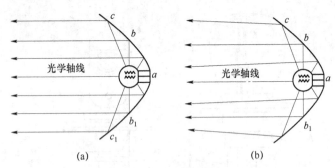

图 2-2-3 对称形配光

（2）非对称形配光。

远光灯丝位于反射镜的焦点上，而近光灯丝则位于焦点的前方且稍高出光学轴线，下方装有金属配光屏，其工作情况如图 2-2-4 所示。由近光灯丝射向反射镜上部的光线，反射后倾向路面，而配光屏挡住了灯丝射向反射镜下半部的光线，故没有向上反射能引起炫目的光线。

配光屏安装时偏转一定的角度，左侧边缘倾斜 15°，使近光的光形有一条明显的明暗截止线（眼睛感觉到的明暗陡变的分界线），如图 2-2-5 所示。Ⅲ区是一个明显的暗区，如点 B50L（相距 50m 对面驾驶员眼睛位置）处于暗区，避免迎面驾驶员的炫目。下方Ⅰ、Ⅱ、Ⅳ区域及上方 15°区域是亮区，将车前路面和右方人行道照亮。这种非对称的配光性能称为欧洲式配光，是比较理想的配光，已被世界公认。

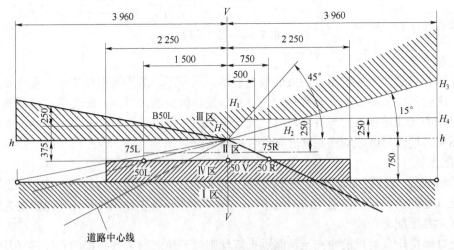

图 2-2-4 具有配光屏的双丝灯泡

1—远光灯丝；2—配光屏；3—近光灯丝

图 2-2-5 非对称的配光形式

V—V：汽车纵向中心垂直平面的投影；h—h：汽车前照灯基准中心高度水平线投影；

1—B50L 点：防炫点，相距 50m 对方驾驶员眼睛位置；2—H 点：明暗截止线分界点；

3—50R 点：本车道右边缘距前照灯 50m 处的照明点；4—50L 点：本车道左边缘距前照灯 50 m 的点；

5—50V 点：车辆正前方 50m 的点；6—75R 点：车辆右边道路距前照灯 75 m 的点

近年来，又发展了一种更优良的光形，其近光光形如图 2-2-6 所示，明暗截止线呈 Z 形，故称 Z 形配光，不仅可以避免迎面来车驾驶员的炫目，还可以防止迎面而来的行人和非机动车使用者的炫目，更加保证了夜间行驶的安全。我国前照灯的近光灯已采用 Z 形配光形式。

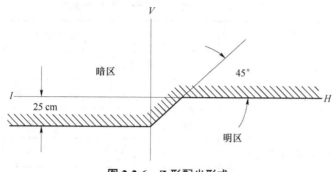

图 2-2-6　Z 形配光形式

2.2.2　前照灯检测标准

GB 7258—2012《机动车运行安全技术条件》中，对机动车前照灯光束照射位置和前照灯光束发光强度作了规定。

1. 基本要求

（1）机动车装备的前照灯应有远、近变换功能；当远光变为近光时，所有远光应能同时熄灭。同一辆机动车上的前照灯，左右的远、近光灯不得交叉开亮。

（2）所有前照灯的近光均不应炫目。

（3）机动车前照灯光束照射位置在正常使用条件下应保持稳定。

2. 前照灯光束照射位置要求

（1）在检验前照灯近光光束照射位置，前照灯照射在距离 10 m 的屏幕上时，乘用车前照灯近光光束明暗截止线转角或中点的高度应为 $0.7H\sim0.9H$（H 为前照灯基准中心高度，下同），其他机动车（拖拉机运输机组除外）应为 $0.6H\sim0.8H$。机动车（装用一只前照灯的机动车除外）前照灯近光光束水平方向位置向左偏不允许超过 170 mm、向右偏不允许超过 350 mm。

（2）轮式拖拉机运输机组装用的前照灯近光光束的照射位置，按照上述方法检验时，要求在屏幕上光束中点的离地高度不允许大于 $0.7H$；水平位置要求，向右偏移不允许超过 350 mm，不允许向左偏移。

（3）在检验前照灯远光光束及远光单光束灯照射位置，前照灯照射在距离 10 m 的屏幕上时，要求在屏幕光束中心离地高度，对乘用车为 $0.9H\sim1.0H$，对其他机动车为 $0.8H\sim0.95H$；机动车（装用一只前照灯的机动车除外）前照灯远光光束水平位置要求，左灯向左偏不允许超过 170 mm、向右偏不允许超过 350 mm，右灯向左或向右偏均不允许超过 350 mm。

3. 前照灯远光光束发光强度要求

机动车每只前照灯的远光光束发光强度应达到的要求见表 2-2-1。测试时，其电源系统应处于充电状态。

表 2-2-1 前照灯远光光束发光强度最小值要求   单位：cd

机动车类型		检查项目					
		新注册车			在用车		
		一灯制	两灯制	四灯制①	一灯制	两灯制	四灯制
三轮汽车		8 000	6 000	—	6 000	5 000	—
最高设计车速小于 70 km/h 的汽车		—	10 000	8 000	—	8 000	6 000
其他汽车		—	18 000	15 000	—	15 000	12 000
摩托车		10 000	8 000	—	8 000	6 000	—
轻便摩托车		4 000	—	—	3 000	—	—
拖拉机运输机组	标定功率>18 kW	—	8 000	—	—	6 000	—
	标定功率≤18 kW	6 000②	6 000	—	5 000②	5 000	—

注：① 四灯制是指前照灯具有四个远光光束；采用四灯制的机动车，其中两只对称的灯达到两灯制的要求时视为合格。
② 允许手扶拖拉机运输机组只装用一只前照灯。

2.2.3 前照灯的检测仪器及使用方法

前照灯检验仪是按一定测量距离放在被检车对面，用来检验前照灯发光强度和光轴偏斜量的专用设备。

1. 前照灯检验仪的检验原理

前照灯检验仪通过采用能把吸收的光能变成电流的光电池作为传感器，按照前照灯光轴照射光电池产生电流的大小和比例，来测量发光强度和光轴偏斜量。

1) 发光强度的检验原理

发光强度的检验原理如图 2-2-7 所示，连接光电池与光度计，按规定的距离使前照灯照射光电池，光电池便按受光强度的大小产生相应的光电流使光度计指针摆动，指示出前照灯的发光强度。

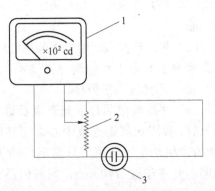

图 2-2-7 发光强度的检验原理
1—光度计；2—可变电阻；3—光电池

汽车性能检测技术学习任务单

主　编　张爱华　于立春
副主编　潘昌勇　覃信举
参　编　梁小罗　陈　松　帅　云

北京理工大学出版社
BEIJING INSTITUTE OF TECHNOLOGY PRESS

汽车性能检测技术学习任务单

项目一 汽车检测技术认知

班级：_____ 姓名：_____ 学号：_____ 小组：_____

学习目标	1. 能正确描述汽车技术状况变化的外观症状。 2. 熟知汽车故障类型及对其工作能力的影响。 3. 能正确说明汽车检测的途径和方法。
设备器材	轿车三辆、维修手册、资料 GB 8565—2016《道路运输车辆综合性能要求和检验方法》
具体任务	一、简述汽车技术状况变化的外观症状。 二、查询并分享：一款新车的动力性能、经济性能和制动性能是用什么来评价的？

续表

具体任务	三、查询并分享：国标对机动车制动系统的性能有哪些要求？

任务评价	自评	任务	评价等级			
			不会	基本会	会	很熟练
		正确描述汽车技术状况变化				
		查询				
	小组评价					
	教师评价					评分（满分100）

项目二 汽车安全性能检测

任务 1 检查车辆外观、灯光系统

班级：_____ 姓名：_____ 学号：_____ 小组：_____

学习目标	1. 能够明确全车用电器检查内容。 2. 每两人能够熟练配合完成灯光检查。 3. 能够掌握全车用电器的操作和检查方法。 4. 能够准确找到车辆外部损伤部位。
设备器材	轿车一辆；举升机一台；专用工具一套，通用工具 1~2 套；发动机舱防护罩一套；"三件套"（座椅套、转向盘套、脚垫）一套；学生必须着工装、穿工鞋

灯光检查							
检查顺序	检查项目		检查结果（是否良好）	检查顺序	检查项目		检查结果（是否良好）
1	前示宽灯	左		9	后驻车灯	左	
		右				右	
2	前近光灯	左		10	后示宽灯	左	
		右				右	
3	前远光灯	左		11	后雾灯	左	
		右				右	
4	前雾灯	左		12	后转向灯	左	
		右				右	
5	前转向灯	左		13	后安全警告灯	左	
		右				右	
6	侧边转向灯	左		14	后刹车灯	左	
		右				右	
						高位	
7	前安全警告灯	左		15	后倒车灯	左	
		右				右	
8	前驻车灯	左		16	后牌照灯	左	
		右				右	

续表

具体任务	一、车辆外部灯光检查及双人手势。 根据计划内容，两人一组完成车辆外部灯光检查工作，并根据检查结果填写下表。 二、车辆内部电器及其他部件检查。 根据计划内容对实践车辆进行电控系统检查，工作完成后填写表单。 **车辆内部灯光检查** 	检查项目	检查结果	检查项目	检查结果	检查项目	检查结果
仪表灯光亮度调节		车顶阅读灯	前	储物盒灯光	
			后	后备厢灯光	| **其他项目检查** | 检查项目	检查结果			
---	---	---	---	---
空调系统	出风口模式		循环模式	
	出风口温度			
CD机/收音机	CD机/磁带		音量调节	
	收音机		其他按键	
雨刮器	挡位检查		喷水功能	
喇叭	高音		低音		 三、总结全车用电器检查内容。

任务评价	自评	任务	评价等级			
			不会	基本会	会	很熟练
		外观检查				
		灯光检查				
		内部电器及其他部件检查				
	小组评价					
	教师评价			评分（满分100）		

项目二　汽车安全性能检测

任务 2　检测前照灯技术状况

班级：_____　　姓名：_____　　学号：_____　　小组：_____

学习目标	1. 能正确说明汽车前照灯结构组成。 2. 熟知前照灯检测标准和检测规范。 3. 能正确使用前照灯检测仪检测前照灯技术状况。 4. 能对前照灯不合格的原因进行分析。
设备器材	装配有两灯或四灯制的轿车一辆；前照灯检测仪
具体任务	一、前照灯检测结果从哪些方面进行评价？ 二、前照灯检测前应进行哪些准备工作？ 三、实操：1. 记录检测数据 车型：

项目	远光发光强度/cd	远光偏移		近光偏移		灯中心高度/cm
		垂直/cm	水平/cm	垂直/cm	水平/cm	
左外灯光						
左内灯光						
右内灯光						
右外灯光						
标准数据						—

续表

具体任务	2. 判别所测前照灯技术状况。 3. 分析原因。

任务评价	自评	任务	评价等级			
			不会	基本会	会	很熟练
		知识点				
		检测方法				
		分析判断				
	小组评价					
	教师评价				评分(满分100)	

项目二 汽车安全性能检测

任务 3 检测车速表

班级：_____ 姓名：_____ 学号：_____ 小组：_____

学习目标	1. 熟悉车速表检测的相关国家标准和车速表检测试验台的工作原理。 2. 掌握通过车速表检测台检测车速表的方法。 3. 能正确分析车速表的误差，并能对车速表检测台进行维护。
设备器材	轿车三辆，工具车，工具架，工作台，车速表检测台一台，三脚木若干等
具体任务	一、简述车速表的工作原理。 二、简述车速表误差产生的原因。 三、写出车速表检测步骤。

续表

具体任务	四、车速表误差分析。			
	项目	第一次	第二次	第三次
	车速表速度指示值			
	车速表检测台指示值			
	误差			
	是否合格			
	五、操作注意事项。			

任务评价		任务	评价等级			
			不会	基本会	会	很熟练
	自评	车速表误差分析				
		车速表检测				
	小组评价					
	教师评价				评分（满分100）	

项目二 汽车安全性能检测

任务 4 检测车轮的平衡度

班级：_____ 姓名：_____ 学号：_____ 小组：_____

学习目标	1. 能正确说明汽车车轮的结构组成。 2. 能正确使用车轮动平衡机对车轮进行动平衡检测。 3. 能对车轮动不平衡的原因进行分析。
设备器材	车轮平衡机、专用卡尺、各种规格平衡铅块、铅块锤、气压符合规定的车轮
具体任务	一、记录车轮动平衡检测过程。 1. 将待检车轮做好准备工作。 2. 选择合适的锥体，将车轮装上平衡机并紧固。 3. 测量：轮辋宽度 b 值为 _____，轮辋直径 d 值为 _____，轮辋边缘至机箱距离 a 值为 _____。 4. _____。 5. 等车轮自动停转，从指示装置读取车轮不平衡量为_____。 6. _____。 7. 重新进行平衡试验，是否符合标准要求？　　是　　否 8. 如果不符合标准要求，此时的不平衡量是：_____。 接下来你是如何操作，从而使不平衡量符合要求的？ 二、检测车轮动平衡之前需要做哪些准备工作？

续表

具体任务	三、简述车轮动不平衡的危害。 四、哪些情况下需要对车轮进行动平衡检测？					
任务评价	自评	任务	评价等级			
			不会	基本会	会	很熟练
		车轮动不平衡现象描述				
		车轮动平衡检测方法				
	小组评价					
	教师评价				评分（满分100）	

项目二 汽车安全性能检测

任务 5 检测底盘部件

班级：_____ 姓名：_____ 学号：_____ 小组：_____

学习目标	1. 能够正确使用测量仪及工具对底盘各个系统进行检测。 2. 熟知底盘部件性能检测规范。 3. 能分析检测结果。
设备器材	转向盘转向力–转向角检测仪、简易转向盘自由转动量检测仪、专用手锤、直尺、底盘间隙仪等
具体任务	一、记录检查结果。

续表

具体任务	二、在进行转向系统部件检查时，对转向系统有哪些技术要求？ 三、检查轮胎时，包括哪些内容？ 四、汽车直行时自动跑偏，试分析原因。				

任务评价	自评	任务	评价等级			
			不会	基本会	会	很熟练
		知识点				
		检测项目及要求				
		分析判断				
	小组评价					
	教师评价				评分（满分100）	

项目二　汽车安全性能检测

任务 6　检测汽车的制动性能

班级：_____　　姓名：_____　　学号：_____　　小组：_____

学习目标	1. 能正确说明制动性能的评价指标及含义。 2. 能正确使用设备检测汽车制动性能。 3. 能分析检测结果。			
设备器材	单轴反力式滚筒制动试验台，轿车一辆			
具体任务	一、记录检测结果：			
	轴重	一轴	（N）	—
		二轴	（N）	—
	制动性	整车行车制动	（%）	
		前轴行车制动	（%）	
		前后轴行车制动力分配比	（%）/　（%）	
		驻车制动	（%）	
		最大制动协调时间	（s）	
		一轴 制动力平衡	左：（N）右：（N）差：（%）	
		二轴 制动力平衡	左：（N）右：（N）差：（%）	
		一轴 车轮阻滞力	左：（N）右：（N）	
		二轴 车轮阻滞力	左：（N）右：（N）	
	二、根据检测结果评价此车的制动性能。			

续表

具体任务	三、简述制动系统检查流程。					
任务评价	自评	任务	评价等级			
			不会	基本会	会	很熟练
		知识点				
		检测方法				
		分析判断				
	小组评价					
	教师评价				评分(满分100)	

项目三 汽车环保性能检测

任务 1 检测汽车尾气排放污染物的含量

班级：_____ 姓名：_____ 学号：_____ 小组：_____

学习目标	1. 能用双怠速法检测汽油车尾气排放量。 2. 能够参照国 V 标准对检测数据进行分析。				
设备器材	FLA-501 型五组分汽车排气分析仪，标准气，轿车一辆，电源，车速传感器				
具体任务	一、记录检测数据。				
		HC	CO	CO_2	O_2	NO_x
	怠速					
	高怠速					
	二、简述检测步骤。 三、判断此车尾气排放是否合格。				

续表

具体任务	四、分析车辆排放超标的原因。				
任务评价	自评	任务	评价等级		
			不会	基本会	会	很熟练
		标准查找				
		检测方法				
		结果分析				
	小组评价					
	教师评价				评分(满分100)	

时间： 年 月 日

项目三 汽车环保性能检测

任务 2 检测汽车噪声

班级：_____ 姓名：_____ 学号：_____ 小组：_____

学习目标	1. 能分析汽车噪声的产生原因。 2. 能正确检测车内噪声及车辆定置噪声。
设备器材	HY104 型声级计，轿车一辆
具体任务	一、知识点。 1. 汽车噪声检测仪器及工作原理。 2. 车内噪声测量条件。 3. 车内噪声测点位置。 二、检测数据记录并分析。

续表

具体任务	三、检测中注意事项。					
任务评价	自评	任务	评价等级			
			不会	基本会	会	很熟练
		标准查找				
		检测流程				
		结果分析				
	小组评价					
	教师评价				评分(满分100)	

时间： 年 月 日

项目四　汽车动力性能检测

任务 1　检测发动机功率

班级：_____　　姓名：_____　　学号：_____　　小组：_____

学习目标	1. 能够正确使用气缸压力表检测气缸密封性并对相关数据进行分析。 2. 能够使用检测仪对发动机功率进行检测。 3. 能够通过各项数据分析来评价发动机技术性能。
设备器材	轿车两辆，无负荷测功仪，气缸压力表
具体任务	一、气缸压力检测记录。 1. 气缸压力表组成。 2. 连接方法。 3. 检测条件： （1）发动机应运转至正常工作温度，水冷发动机水温达_____℃； （2）拆下_____； （3）拆除全部_____； （4）将节气门置于_____位置； （5）拔下点火线圈插头与油泵继电器； （6）蓄电池电量充足； （7）起动机运转正常。

续表

具体任务	4. 检测结果。				
	车型：		发动机型号：		
	压缩比：		排量：		
	标准气缸压力：		极限气缸压力：		各缸极限压力差：
		第一缸	第二缸	第三缸	第四缸	最大差值
	平均值					
	判断					
	注入机油后的数值					
	结论					
	二、查询：提高汽车动力性能的措施有哪些。				

任务评价	自评	任务	评价等级			
			不会	基本会	会	很熟练
		知识点				
		检测方法				
		分析判断				
	小组评价					
	教师评价		评分（满分100）			

项目四　检测润滑系统

任务 2　检测润滑系统

班级：_____　姓名：_____　学号：_____　小组：_____

学习目标	1. 能够正确使用机油压力表对润滑系统压力进行检测。 2. 能够查阅维修手册，并根据检测结果分析故障原因。
设备器材	轿车两辆、机油压力表
具体任务	机油压力检测记录。 1. 查询：机油压力检测时的注意事项。 2. 检测结果记录。

机油压力	实测值	标准值

续表

具体任务	3. 检测结果分析： 机油压力检测结果分析：根据发动机润滑系统工作原理及结构组成可知，机油泵、机油冷却器、机油滤清器、各个润滑表面的间隙、发动机润滑油质量等，都会对机油压力产生影响。	
	机油压力检测结果	可能原因
	机油压力过高	
	机油压力过低	

任务评价	自评	任务	评价等级			
			不会	基本会	会	很熟练
		查询				
		检测方法				
		分析判断				
	小组评价					
	教师评价					评分（满分100）

2）光轴偏斜量的检验原理

光轴偏斜量的检验原理如图 2-2-8 所示,其中有 4 块光电池,在 $S_上$ 和 $S_下$ 之间接有上下偏斜指示计,在 $S_左$ 和 $S_右$ 之间接有左右偏斜指示计。打开前照灯,4 块光电池各自产生电流,根据 $S_上$ 和 $S_下$、$S_左$ 和 $S_右$ 的电流差值,使上下偏斜指示计和左右偏斜指示计动作。

图 2-2-9 所示为光电池受光面无偏受光的情况,这时上下偏斜指示计和左右偏斜指示计指针均垂直向下,即处于零位。图 2-2-10 所示为光电池受光面向左下方偏斜受光的情况,这时上下偏斜指示计的指针向下偏斜,左右偏斜指示计的指针向左偏斜。

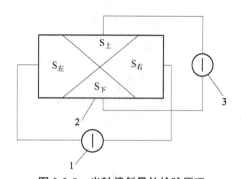

图 2-2-8 光轴偏斜量的检验原理

1—左右偏斜指示计；2—光电池；3—上下偏斜指示计

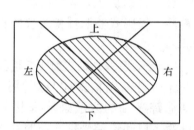 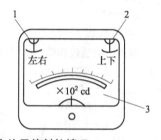

图 2-2-9 光轴上下与左右均无偏斜的情况

1—左右偏斜指示计；2—上下偏斜指示计；3—光度计

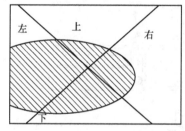 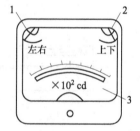

图 2-2-10 光轴上下与左右均有偏斜的情况

1—左右偏斜指示计；2—上下偏斜指示计；3—光度计

2. 前照灯检验仪的类型

根据结构特征与测量方法,前照灯检验仪可分为聚光式、屏幕式、投影式和自动追踪光轴式等类型。这些不同类型的前照灯检验仪都是由接受前照灯光束的受光器、使受光器与汽车前照灯对正的校准装置、前照灯发光强度指示装置、光轴偏斜方向和偏斜量指示装置以及支柱、底板、导轨和汽车摆正找准装置等组成。

1）聚光式前照灯检验仪

聚光式前照灯检验仪的构造如图 2-2-11 所示。它是用受光器的聚光透镜把前照灯的散射光束聚合起来,根据其对光电池的照射强度,来检验前照灯的发光强度和光轴偏斜量的。

2) 屏幕式前照灯检验仪

屏幕式前照灯检验仪的构造如图 2-2-12 所示。屏幕式前照灯检验仪是把前照灯的光束照射到屏幕上，从而检验发光强度和光轴偏斜量。在固定屏幕 3 上装有可以左右移动的活动屏幕 9，在活动屏幕上装有能上下移动的内部带光电池的受光器 11。检验时，移动受光器和活动屏幕，根据光度计指示值为最大时的位置找到主光轴的方向，然后由固定屏幕和活动屏幕上的光轴刻度尺 10 即可读出光轴偏斜量，同时可从光度计的指示值得出发光强度。

3) 投影式前照灯检验仪

投影式前照灯检验仪是将前照灯光束的影像映射到投影屏上，从而检验出发光强度和光轴偏斜量。投影式前照灯检验仪的构造如图 2-2-13 所示。

4) 自动追踪光轴式前照灯检验仪

自动追踪光轴式前照灯检验仪是用受光器自动追踪光轴的方法来检测发光强度和光轴偏斜量的。自动追踪光轴式前照灯检验仪的构造如图 2-2-14 所示。

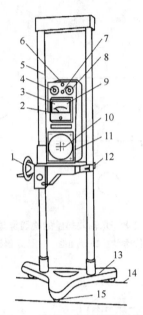

图 2-2-11 聚光式前照灯检验仪构造

1—升降手轮；2—光度计；3—左右偏斜指示计；
4—光轴刻度盘（左、右）；5—支柱；
6—汽车摆正找准器；7—光度、光轴变换开关；
8—光轴刻度盘（上、下）；9—上下偏斜指示计；
10—前照灯找准器；11—聚光透镜；12—角度调整螺钉；
13—底座；14—导轨；15—车轮

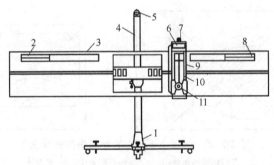

图 2-2-12 屏幕式前照灯检验仪构造

1—底座；2，8—光轴刻度尺（左、右）；3—固定屏幕；4—支柱；5—汽车摆正找准器；6—光度计；
7—前照灯照准器；9—活动屏幕；10—光轴刻度尺（上、下）；11—受光器

2.2.4 前照灯偏移量调整方法

我国在 GB 4785—2007 中 4.3.2.6.2.2 条规定了"前照灯调光装置可以是自动也可以是手动，自动前照灯调光装置必须坐在驾驶室就能被操作"的条款。上述条款于 2007 年 11 月 1 日发布，并在 2009 年 11 月 1 日开始实施，目前在国内所有新设计的车型都必须满足该标准的要求。

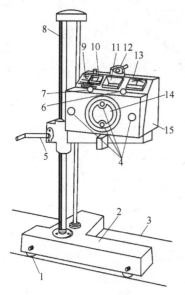
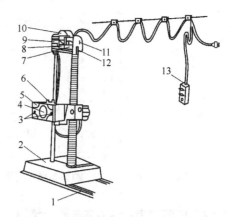

图 2-2-13 投影式前照灯检验仪构造
1—车轮；2—底座；3—导轨；4—光电池；5—上下移动手柄；
6—光轴刻度盘（上、下）；7—光轴刻度盘（左、右）；
8—支柱；9—左右偏斜指示计；10—上下偏斜指示计；
11—投影屏；12—汽车摆正找准器；13—光度计；
14—聚光透镜；15—受光器

图 2-2-14 自动追踪光轴式前照灯检验仪构造
1—导轨；2—控制箱；3—光电池；4—聚光透镜；
5—受光器；6—汽车摆正找准器；7—上下偏斜指示计；
8—光度计；9—左右偏斜指示计；10—在用显示器；
11—电源开关；12—熔丝；13—控制盒

前照灯的调整主要是光束位置的调整，发光强度不可调整。若发光强度减弱，可通过更换灯泡、反射镜或前照灯总成来解决。要改变光束的照射方向，可采用下列方法：

（1）车辆的前照灯偏移量可以通过前照灯后方的调节旋钮进行调节，如图 2-2-15 所示。调节时，只需用手或使用工具转动调节旋钮就可以对前照灯的左右或高低偏移进行调节。

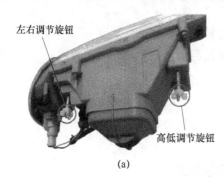
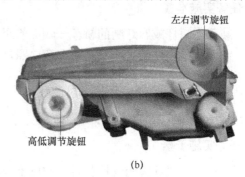

(a) (b)

图 2-2-15 前照灯调节旋钮
(a) 桑塔纳 2000 前照灯调节旋钮；(b) 捷达轿车前照灯调节旋钮

（2）电调式前照灯系统包括光束调整开关、光束调整执行器、灯具，其系统工作原理如图 2-2-16 所示。拨动开关，开关内部信号线的电压变化导致光束调整执行器调整杆的伸缩，从而带动反射镜以反射镜支点为中心旋转，达到上下调整光束的目的。根据 GB 7454—1987 的相关规定，光束调整装置主要以调整近光光束为主，调整角度不小于±4°30′。因此，在灯具设计时应遵循上述规定。

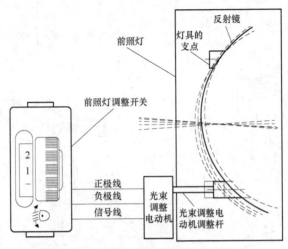

图 2-2-16 电调式前照灯系统工作原理

2.2.5 任务实施：汽车前照灯检测

1. 任务实施目标

能正确识别汽车前照灯总成，能对前照灯进行检测及判断，同时进一步熟悉前照灯检测标准。

2. 设备要求

（1）前照灯光束照射位置检验及前照灯远光光束发光强度测量应使用具备远近光光束照射位置检验功能的前照灯检测仪。

（2）采用自动式前照灯检测仪时，导轨运行平面的水平度应不超过 2 mm/m。

3. 任务实施准备

（1）装配有两灯或四灯制的轿车一辆；前照灯检测仪。

（2）前照灯检测仪受光面及被检车辆前照灯镜面应清洁。

（3）被检车辆所有轮胎的气压符合规定。

（4）前照灯检测仪应预热。

（5）学生必须着工装、穿工鞋。

4. 任务实施步骤

采用自动式前照灯检测仪检验时，按以下步骤进行：

（1）车辆沿引导线居中行驶至规定的检测距离处停止，车辆的纵向轴线应与引导线平行，如不平行，车辆应重新停放，或采用车辆摆正装置进行拨正。

> **特别提示**
>
> 检测仪和被检车辆间的距离应符合检测仪的要求。

（2）置变速器于空挡（无级变速二轮、三轮车辆应实施制动），车辆电源处于充电状态，开启前照灯远光灯。

特别提示

被检车辆应在空载、坐一名驾驶员的情况下进行检测。

（3）给自动式前照灯检测仪发出启动测量的指令，仪器自动搜寻被检前照灯，并测量其远光发光强度及远光照射位置偏移值。

注：前照灯远光照射位置偏移值检验仅针对远光光束能单独调整的前照灯进行；远光光束能单独调整的前照灯是指手工或通过使用专用工具能够在不影响近光光束照射角度的情况下调整远光光束照射角度的前照灯，通常情况下远、近光束一体的前照灯其远光光束照射角度不能单独进行调整。

（4）被检前照灯转换为近光光束，自动式前照灯检测仪自动检测其近光光束明暗截止线转角（或中点）的照射位置偏移值。

（5）按上述（3）、（4）步完成车辆所有前照灯的检测。

（6）在对并列的前照灯（四灯制前照灯）进行检验时，应将与受检灯相邻的灯遮蔽。

5. 测试结果

测试结果记录在表 2-2-2 中，检测结果可由检测线上的计算机通过串行接口读取。

表 2-2-2　测试结果记录

车型：						
项目	远光发光强度/cd	远光偏移		近光偏移		灯中心高度/cm
		垂直/cm	水平/cm	垂直/cm	水平/cm	
左外灯光						
左内灯光						
右内灯光						
右外灯光						
标准数据						—

2.2.6　知识能力拓展

——前照灯检测结果分析

1. 检测结果分析

前照灯检验不合格有两种情况，一是前照灯发光强度偏低，二是前照灯照射位置偏斜。

1）前照灯发光强度偏低

前照灯发光强度偏低又有下列两种情况：

（1）左右前照灯发光强度均偏低。

① 检查前照灯反光镜的光泽是否明亮，如昏暗或镀层剥落或发黑应予以更换。

② 检查灯泡是否老化、质量是否符合要求，如老化或质量不符合要求，光度偏低者应更换。

③ 检查蓄电池端电压是否偏低，如端电压偏低，应先充足电再检测。送检汽车普遍存在蓄电池电量不足、端电压偏低的现象。如由蓄电池供电，前照灯发光强度一般很难达到标准的规定；如由发电机供电，则大部分汽车前照灯发光强度会有所增加，多数可达到标准规定。

（2）左右前照灯发光强度不一致。检查发光强度偏低的前照灯的反射镜光泽是否灰暗、灯泡是否老化、质量是否符合要求，一般多为搭铁线路接触不良。

2）前照灯光束照射位置偏斜

前照灯安装位置不当或因强烈振动而错位致使光束照射位置偏斜超标，应予以调整。前照灯光束照射位置偏斜的调整可在前照灯检验仪上进行。

思考：影响检测结果的主要因素有哪些？

本任务小结

1. 对前照灯的要求：保证车辆在夜间或能见度低的情况下的行车安全性，避免产生炫目。

2. 为了既能保持良好的路面照明，又能防止产生炫目，汽车的前照灯光均应具有远近两种光束。

3. 汽车前照灯由灯泡（光源）、反射镜和配光镜三部分组成。

4. 汽车前照灯检测结果从发光强度、照射方向、配光特性进行评价。

5. 前照灯的调整主要是光束位置的调整，发光强度不可调整。机动车装用远、近光双光束前照灯时，应以调整近光光束为主。

练习与思考

一、选择题

1. 汽车前照灯检测时，被测车辆需要做清除前照灯上的污垢、汽车蓄电池处于充足电状态及（　　）等准备工作。

A. 轮胎气压应符合规定　　　　B. LED 灯应该更换
C. 轮胎尺寸应符合规定　　　　D. 车辆应该处于满载

2. 检测前照灯发光强度的传感器主要是（　　）。

A. 发光二极管　　B. 光电池　　C. 光敏二极管　　D. 聚光透镜

二、判断题

1. 汽车前照灯的技术状况主要是指前照灯发光强度的变化和光束照射位置是否偏斜。（　　）

2. 对于常用的双丝灯泡的前照灯，当检测其光束照射位置不符合要求时，应以调整远光光束为主。（　　）

三、简答题

1. 汽车前照灯由哪几部分组成？各有什么作用？

2. 简述前照灯发光强度检测原理。
3. 左右前照灯发光强度均偏低的原因有哪些？

任务3　检测车速表

1. 了解车速表的组成和工作原理。
2. 了解车速表误差产生的原因和车速表检测的必要性。
3. 掌握车速表检测的相关国家标准和车速表检测试验台的工作原理及检测方法。
4. 掌握滚筒式车速表检测试验台的组成参数。
5. 能正确分析车速表的误差，并能对车速表检测台进行维护。

能力目标	知识要点	权重
能描述车速表组成、分类和工作过程	车速表组成、分类和工作原理	10%
熟知车速表检测台的主要部件和工作原理	车速表检测台的分类和工作原理	20%
掌握车速表检测方法	车速表的检测步骤和注意事项	50%
结合车速表检测的相关国家标准，能正确分析检测误差，并能对车速表检测台进行维护	车速表检测的国家标准，车速表检测台的维护	20%

 引例

驾驶员对车速的准确掌握是确保安全驾驶的基本条件之一。驾驶员除了根据其他车辆的车速快慢进行对比以及将车窗外静止的建筑物作为参照物来判断行车的快慢外，车内仪表台上安装的车速表是最能直接反映车速的设备。然而，汽车的车速表因为各种原因也会产生一定的误差，那么出现误差如何及时进行检测和矫正呢？

2.3　概述

2.3.1　车速表的分类和工作原理

为了使驾驶员能够随时掌握汽车及各系统的工作情况，在汽车驾驶室的仪表板上装有各种指示仪表及报警装置。

车速表是能实时指示汽车行驶速度的一种仪表，通常和记录汽车累计行驶距离的里程表共同安装在一个壳体中,并由同一根轴驱动,或使用同一个传感器。所以又叫车速里程表,有磁感应式和电子式两种。

1)磁感应式车速表

它是利用磁电互感作用,使表盘上指针的摆角与汽车的行驶速度成正比,其结构如图 2-3-1 所示。

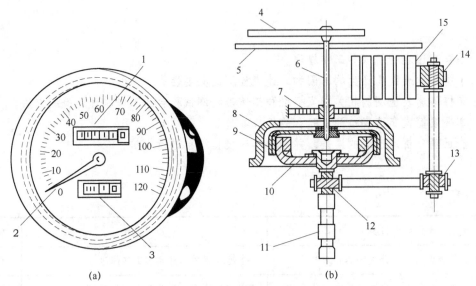

图 2-3-1 磁感应式车速表

(a)表盘;(b)磁感应驱动装置

1—总量程表;2,4—车速表指针;3—单程里程表;5—表盘;6—指针轴;7—游丝;8—磁屏;
9—指针活动盘;10—永久磁铁;11—车速里程表驱动轴;
12,13,14—里程表蜗轮蜗杆传动副;15—里程表计数轮

汽车行驶时,车速里程表驱动轴带着永久磁铁旋转,由于磁电感应而在指针活动盘内产生感应电流(涡流)。永久磁铁的磁场与指针活动盘中涡流产生的磁场相互作用,就使指针活动盘与永久磁铁同向转动,同时指针也随之一同转动。当指针活动盘连同指针旋转时,与指针轴相连的游丝被扭紧而产生一个反力矩,当此反力矩与永久磁铁带动指针活动盘转动的力矩相等时,指针活动盘便稳定在某一位置,指到相应的车速刻度。永久磁铁转动的速度与汽车行驶速度成正比。当汽车行驶速度增大时,在指针活动盘内感应的电流也随之增大,相应地驱动指针活动盘的力矩也将按比例增加,使指针摆动更大的角度。因此,车速不同,指针指示不同的读数。

2)电子式车速里程表

电子式车速里程表由车速里程表传感器、信号处理电路、车速表和里程表组成。

电子式车速里程表是一个带有通电线圈的指针机构,在恒定磁场中受到力的作用。当汽车以不同的车速行驶时,在电子车速里程表的传感器中就产生相应于某一车速的频率脉冲信号,将脉冲信号输送到单稳态触发电路,用以控制恒流源的输出,从而改变了车速表指针机构线圈中的电流。于是线圈在恒定磁场中受到的磁场作用力就发生了变化,指针就指示出相应的行驶车速。

2.3.2 车速表检测的必要性

1. 做车速表检测的原因

要监视行车速度，必须依靠车速表，单凭驾驶员的主观感觉或经验是不行的。国外有人做过驾驶员的"适应性"试验，证明这种主观估计很不可靠。尤其是在车速变化之后，主观估计的车速误差很大。大量事实证明，车辆在高速行驶时，一旦发生紧急情况，很容易造成重大交通事故。此外，当驾驶员长时间高速驾车时，也会因适应性造成感觉钝化现象，放松警觉，容易发生危险。为保证行车安全，必须随时掌握准确的行车速度。因此，对车速表进行定期检查校验是十分必要的。

2. 车速表误差产生的原因

随着汽车使用年限的增加，车速表的误差往往会逐渐增大。造成车速表失准的原因主要有两个方面：

1）车速表自身的问题

当汽车长期使用后，无论是磁电式还是电子式的车速表，都难免出现机械零件磨损变形、车速表驱动轴之间松旷、车速传感器故障、电磁线圈中永磁元件退磁老化等现象，这些因素都会使车速表指示值误差增大，甚至损坏。

2）与轮胎的状况有关

由车速表的工作原理可知，车速表的指示值仅与车轮的转速成正比，而汽车的速度相当于驱动轮的线速度，显然线速度不仅与转速有关，还与车轮的半径有关。理论上，若驱动轮半径为 r，其转速为 n，则汽车行驶的线速度为

$$v = 2\pi \cdot r \cdot n / 60 (\text{m/s}) = 0.377 r \cdot n (\text{km/h})$$

实际上，由于轮胎是一个充气的弹性体，所以在行驶时，轮胎在受到垂直载荷、车轮驱动力和地面阻力等作用下会发生弹性变形；汽车长期使用后，轮胎表面的橡胶颗粒会因摩擦渐渐剥落，导致汽车轮胎花纹渐渐消失，使得轮胎半径逐渐减小，从而使得车速表误差越来越大。另外，由于车辆结构参数、轮胎气压不符合标准（过高或不足）及车辆载荷等因素的影响，会造成车辆轮胎半径的变化，导致左右车轮半径不同，因此即使驱动轮转速不变（车速表指示也不变），上述原因也会引起实际车速与车速表指示值不一致的现象，使得车辆实际车速与车速表误差过大。

2.3.3 车速表检测

1. 车速表的检测标准

按照 GB 7258—2012《机动车运行安全技术条件》的有关规定，车速表检测宜在滚筒式车速表检测台上进行。对于无法在车速表检验台上检测车速表指示误差的机动车，可通过路试进行检验。

车速表指示车速 v_1（单位：km/h）与实际车速 v_2（单位：km/h）之间应符合下列关系：

$$0 \leqslant v_1 - v_2 \leqslant (v_2/10) + 4$$

将被测机动车的车轮驶上车速表检验台的滚筒上并使之旋转，当机动车车速表的指示值

（v_1）为 40 km/h 时，车速表检验台速度指示仪表的指示值（v_2）为 32.8～40 km/h 时合格。

当车速表检验台速度指示仪表的指示值（v_2）为 40 km/h 时，读取该机动车车速表的指示值（v_1），当 v_1 的读数在 40～48 km/h 时合格。

2. 车速表检测台的测试原理

将被检车辆驱动轮置于检测台滚筒上，起动发动机，动力经传动系统驱动车轮旋转，车轮与检测台之间的摩擦力带动检测台滚筒旋转，当车轮速度趋于一恒定值时，车轮与滚筒之间不存在滑转，此时车轮的线速度和滚筒的线速度相等。将旋转的滚筒视为移动的地面，以驱动轮在滚筒上的旋转来模拟汽车在路面上行驶的实际状态，通过测量滚筒的线速度即可达到测量汽车行驶速度的目的。

检测台滚筒的线速度与滚筒的直径和转速之间的关系为

$$v = \pi \times D \times n \times 60 \times 10^{-6}$$

式中，v——滚筒的线速度（km/h）；

D——滚筒的直径（mm）；

n——滚筒的转速（r/min）。

由于车轮的线速度与滚筒的线速度相等，故上式的计算值为汽车的真实车速。该值在检验时由检验台上的速度指示仪表显示。

车轮在滚筒上转动的同时，车速表的转轴由汽车变速器或者分动器输出轴带动旋转，并在车速表上显示车速值，即车速表的指示值。将上述检验台速度指示仪表上显示的真实车速值与车速表显示的车速指示值相比较，即可求出车速表的误差。

3. 车速表检测台的结构

车速表检验台按有无驱动装置可分为标准型和电动机驱动型两种。标准型检验台无驱动装置，它靠被测汽车驱动轮带动滚筒旋转；电动机驱动型检验台由电动机驱动滚筒旋转，再由滚筒带动车轮旋转。此外，还有把车速表检验台与制动检验台或者底盘测功机组合在一起的综合式检验台。目前，检测站使用最多的是标准型滚筒式车速表检验台。

1）标准型车速表检验台

该检验台主要由滚筒、举升器、测量装置、显示仪表及辅助装置等几部分组成，主要结构如图 2-3-2 所示，实物如图 2-3-3 所示。

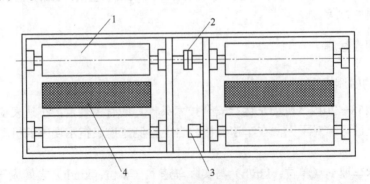

图 2-3-2　车速表检验台结构

1—滚筒；2—联轴器；3—转速传感器；4—举升器

图 2-3-3　车速表检验台实物

（1）滚筒部分。检验台左右各有两个滚筒，用于支撑汽车的驱动轮。在测试过程中，为防止汽车的差速器起作用而造成左右驱动轮转速不等，前面的两个滚筒是用联轴器连在一起的。滚筒多为钢制，表面有防滑材料，直径多为 175～370 mm，为了标定时换算方便，直径多为 176.8 mm，这样滚筒转速为 1 200 r/min 时，正好对应滚筒表面的线速度为 40 km/h。在滚筒的轴端装有转速传感器，其可将滚筒转速信号转换成电信号，送到控制系统处理后由显示仪表显示出速度值。

（2）举升器。为方便汽车驶入、驶出检测台，在前后滚筒之间设置举升器和制动装置，多为气动装置，也有液压驱动和电动机驱动的。测试时，举升器处于下方，以便滚筒支撑车轮；测试前，举升器处于上方并带动制动装置，限制滚筒转动，以便汽车驶上检验台；测试后，靠气压（或液压、电动机）升起举升器，顶起车轮，以便汽车驶离检验台。

（3）测量元件。测量元件即测量转速的传感器，其作用是测量滚筒的转动速度。通过转速传感器将滚筒的速度转变成电信号（模拟信号或脉冲信号），再送到显示仪表。常用的转速传感器有测速发电机式、光电编码器式和霍尔元件式等。

（4）显示仪表（或显示器）。目前多采用智能型数字显示仪表，也就是一个单片机系统。来自传感器的信号经放大、A/D 转换或经虑波整形后进入单片机进行处理，再输出和显示测量结果。在全自动检测线上也有直接把速度传感器信号接到工位机（或主控机）上直接进行处理的。

（5）辅助部分。

① 安全装置：车速检验台滚筒两侧设有挡轮，以免检测时车轮左右滑移损坏轮胎或设备。

② 滚筒抱死装置：汽车测试完毕出车时，如果只依靠举升器，可能造成车轮在前滚筒上打滑。为了防止打滑，常增加滚筒抱死装置，与举升器同步，举升器升起的同时抱死滚筒，举升器下降时放开。

③ 举升保护装置：车辆在速度检验台上运转时，举升器突然上升会导致严重的安全事故，因而车速检验台设有举升器保护装置（软件或硬件保护），以确保滚筒转速低于设定值后（如 5 km/h）才允许举升器上升。

2）电动机驱动型车速表检验台

车速表的转速信号多数取自汽车变速器或分动器的输出轴，但对于后置发动机的汽车，由于车速表软轴过长，会出现传动精度和寿命等方面的问题，所以转速信号取自前从动轮。对于后置发动机的车辆，必须采用电动机驱动型车速表检验台，测试时由电动机驱动滚筒与前从动轮旋转。电动机驱动型车速表检验台往往在滚筒与电动机之间装有离合器,如图 2-3-4 所示。若检验时将离合器分离,则此检验台又可作为标准型检验台使用。

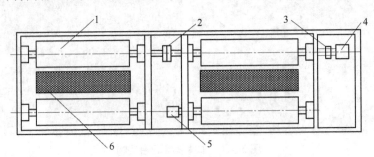

图 2-3-4　电动机驱动型车速表检验台结构

1—滚筒;2—联轴器;3—离合器;4—驱动电动机;5—转速传感器;6—举升器

2.3.4　任务实施:车速表检测

1. 任务实施目标

能正确识别汽车车速表结构,能对车速表进行检测及判断,同时进一步熟悉车速表检测标准。

2. 设备要求

(1) 在滚筒处于静止状态下,检查指示仪表的零点位置,若有偏差应予以调整。

(2) 检查滚筒上是否沾有油、水、泥等杂物,若有应予以清除。

(3) 检查举升器动作是否自如,气缸(或油缸)有无漏气(或漏油),如有应予以修理。

(4) 检查信号线的连接情况,若有接触不良或断路应予以修复。

3. 任务实施准备

(1) 绝对不允许单轴轴荷大于 15 000 kg 的各种车辆开到检验台上,以防检验台承重机件变形、损坏。

(2) 检查轮胎花纹深度是否符合标准规定,调整好车辆的轮胎气压。

(3) 清除轮胎上沾有的水、油、泥和嵌入轮胎花纹沟槽内的石子等杂物。

(4) 学生必须着工装、穿工鞋。

4. 任务实施步骤

在车速表检验台上检验时,按以下步骤进行:

(1) 将车辆正直驶上检验台,驱动轮停放在测速滚筒的中间位置。

(2) 降下举升器或放松滚筒锁止机构,在非驱动轮前部加止动块(前轮驱动车使用驻车制动)。

(3) 对于标准型车速表试验台:起动汽车,缓慢加速,当车速表指示 40 km/h 时,维持 3~5 s 测取实际车速,检测结束,减速停车。

(4) 对于电动机驱动型车速表检验台:汽车变速器置于空挡,起动电动机并驱动滚筒缓慢加速,当车速表指示 40 km/h 时,维持 3~5 s 测取实际车速,检测结束,减速停车。

（5）举起举升器或锁止滚筒，将车辆驶出检验台。

5. 设备保养及注意事项

（1）对于不能在车速表检验台上检测的车辆，应采取路试检验。
（2）检测结束后，检验员不可猛踩制动器踏板使滚筒停止转动。
（3）测速时车辆前方及驱动轮两旁不准站立人员。
（4）轴重大于检验台允许质量的汽车，请勿开上检验台。
（5）不要在检验台上进行车辆维修作业。
（6）不应让油、水、泥砂等进入检验台内。
（7）每季度对滚筒支承轴承进行润滑。
（8）每周对水过滤器进行放水，并检查油雾器油面，如需要，则加注机油。
（9）调整气泵压力不得超过 0.8 MPa。
（10）对台架表面不应用腐蚀性液体擦拭，并经常保持清洁。
（11）每季度对速度传感器处进行清洁处理。
（12）每月检查各轴承座及其他关键部位螺丝是否松动，若松动应拧紧。

1. 为保证行车安全，对车速表进行定期检测是十分必要的。
2. 车速表产生误差的原因主要有两种：一是车速表自身的问题；二是与轮胎的状况有关。
3. 车速表检测设备常用的有标准型车速表检验台和电动机驱动型车速表检验台两种。
4. 车速表检测时有一定的危险性，故在设备上设有相应的安全装置。

练习与思考

1. 简述车速表的分类。
2. 简述车速表失准的原因。
3. 按照 GB 7258—2012 的有关规定，车速表允许的误差范围是什么？
4. 当车轮轮胎磨损后，车速表指示的数值将偏大还是偏小？为什么？
5. 某车在滚筒检验台上校验车速表，当车速表的读数为 40 km/h 时，检验台测出的实际车速是 41.1 km/h。该车速表是否合格？
6. 车速表检验台的滚筒直径为 176.8 mm，当滚筒的转速为 1 200 r/min 时，滚筒的线速度是多少（km/h）？当滚筒的转速为 900 r/min 时，滚筒的线速度又是多少（km/h）？
7. 车速表检验台是高速测试设备，在测试时有一定的危险性，从设计角度出发应有哪些安全措施？
8. 常见的转速传感器有哪几种形式？

任务 4　检测车轮的平衡度

1. 了解汽车车轮结构组成。
2. 理解车轮平衡机的工作原理。
3. 熟悉车轮平衡机的使用方法。
4. 能对车轮不平衡的原因进行分析。

能力目标	知识要点	权重
能够识别汽车车轮的各组成部分及功能	车轮结构组成	20%
能描述车轮动平衡机的工作原理	车轮动平衡机原理	20%
熟练操作车轮动平衡机	车轮动平衡检测方法	40%
能分析车轮不平衡的原因	车轮不平衡的原因	20%

 引例

一辆捷达轿车在高速行驶时出现转向盘和车身抖动现象，驾驶员要求检测原因并排除故障。

2.4　相关知识

2.4.1　车轮动平衡检测的重要性

随着汽车行驶速度的不断提高，车轮不平衡越来越严重地影响着汽车行驶的平顺性、安全性和乘坐舒适性。车轮不平衡，在高速行驶时，会引起上下跳动和摆动，使车辆难以控制，同时还将加剧轮胎和有关元件的非正常磨损。因此，汽车轮胎动平衡检测已经成为汽车检测的重要项目之一。

2.4.2　车轮的基本知识

1. 车轮的功用

车轮是汽车唯一与地面接触的部位，在汽车行驶中起着至关重要的作用，具体如下：

（1）支撑汽车的总质量。
（2）吸收及缓和汽车行驶时受到的冲击和振动。
（3）保证汽车与路面有良好的附着性，以提高汽车的牵引性和制动性。
（4）保证汽车正常转向行驶的同时，通过轮胎产生自动回正力矩，使汽车保持稳定的直线行驶方向。

2. 车轮的组成

车轮一般由轮毂、轮盘、轮辋和轮胎四部分组成，如图 2-4-1 所示。轮毂通过圆锥滚子轴承套装在半轴套管或转向节轴颈上；轮辋用以安装轮胎；轮盘是轮毂与轮辋的连接件。

1）轮毂

轮毂用于连接制动鼓、轮盘和半轴凸缘，如图 2-4-2 所示。一般由圆锥滚子轴承套装在半轴套管或转向节轴颈上。

2）轮盘

轮盘一般可分为辐板式和辐条式两种。

（1）辐板式轮盘。

目前汽车上广泛采用辐板式轮盘，如图 2-4-2 所示。轮盘与轮辋有的采用组合式结构，有的采用整体式结构。

轮盘上的中心孔及其周围的螺栓孔用于与轮毂连接。为便于对正中心和车轮互换，轮盘上螺栓孔的两端面呈球面凹坑状，紧固螺母的端部呈球面凸起状。轮盘上开有几个大孔，以减小质量，便于拆装和制动器散热。

图 2-4-1　车轮结构
1—子午线轮胎；2—轮辋；3—气门嘴；
4—车轮饰板；5—平衡块

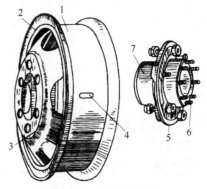

图 2-4-2　辐板式轮盘
1—轮辋；2—挡圈；3—轮盘；4—气门嘴伸出孔；
5—凸缘；6—螺栓；7—轮毂

（2）辐条式轮盘。

重型汽车多采用辐条式轮盘，如图 2-4-3 所示，即采用几根轮辐将轮毂和轮辋连接在一起。轮辐与轮毂可制成一体，也可以用螺栓连接；轮辋则通过螺栓和特殊形状的衬块安装到轮辐上。为了使轮辋与轮辐很好地对中，在两者连接处都制有配合锥面。大型车辆的后轮负荷较大，为使前后轮胎寿命近似相同，后桥一般使用双式车轮，即在同一轮毂上安装两套轮盘和轮辋。

图 2-4-3　辐条式轮盘
1—轮辋；2—胎圈座；3—轮缘；4—槽底；
5—气门孔；6—轮辐

3）轮辋

（1）轮辋的类型与结构。

轮辋也称钢圈，按其结构特点，目前轮辋类型主要有 7 种：深槽轮辋，代号 DC；深槽宽轮辋，代号 WDC；半深槽轮辋，代号 SDC；平底轮辋，代号 FB；平底宽轮辋，代号 WFB；全斜底轮辋，代号 TB；对开式轮辋，代号 DT。其中以深槽轮辋、平底轮辋和对开式轮辋最为常见，如图 2-4-4 所示。

（2）国产轮辋规格的表示方法。

国产轮辋规格用一组数字、符号和字母表示，分为五部分（见图 2-4-5），各部分的含义及具体内容如下：

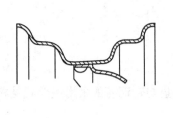
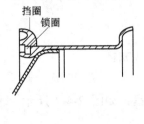
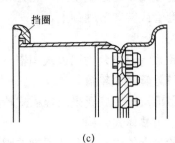

图 2-4-4　常见轮辋类型
（a）深槽轮辋；（b）平底轮辋；（c）对开式轮辋

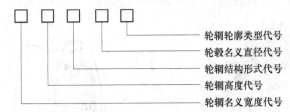

图 2-4-5　轮辋规格表示方法

轮辋名义宽度代号：以数字表示，一般取小数点后两位，单位为 in[①]（当以 mm 表示时，要求轮胎与轮辋的单位一致）。

轮辋高度代号：用一个或几个拉丁字母表示，常用代号及相应高度值（mm）见表 2-4-1。

表 2-4-1　轮辋高度代号及相应高度值　　　　　　　　　　　　　mm

代号	C	D	E	F	G	H	J	K
高度	5.88	7.45	9.81	2.23	7.94	3.73	7.27	19.26
代号	L	P	R	S	T	V	W	
高度	1.59	5.40	8.58	3.33	38.10	44.45	0.80	

---

① 1 in=2.54 cm。

轮辋结构形式代号：用符号"×"表示一件式轮辋；用符号"—"表示多件式轮辋。

轮辋名义直径代号：以数字表示，单位为 in（当以 mm 表示时，要求轮胎与轮辋单位一致）。

轮辋轮廓类型代号：用几个字母表示，每个代号所表示的轮辋轮廓类型见表 2-4-2。

表 2-4-2 轮辋轮廓类型代号

深槽轮辋	深槽宽轮辋	半深槽轮辋	平底轮辋	平底宽轮辋	全斜底轮辋	对开式轮辋
DC	WDC	SDC	FB	WFB	TB	DT

对于不同形式的轮辋，以上代号不一定同时出现。例如，上海桑塔纳轿车轮辋规格为 5.5 J×13，表示其轮辋名义宽度与名义直径分别为 5.5 in 和 13 in，轮辋高度为 17.27 mm，属于一件式轮辋。

4. 轮胎

1）轮胎的分类

轮胎根据分类标准不一样，分别有以下一些类型：

（1）根据气压高低的不同，分为高压胎（0.5～0.7 MPa）、低压胎（0.2～0.5 MPa）和超低压胎（小于 0.2 MPa）。

（2）根据花纹不同，分为普通花纹轮胎、混合花纹轮胎和越野花纹轮胎，如图 2-4-6 所示。

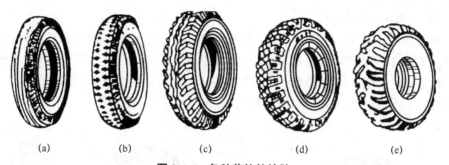

图 2-4-6 各种花纹的轮胎

(a)，(b) 普通花纹轮胎；(c) 混合花纹轮胎；(d)，(e) 越野花纹轮胎

（3）按内胎有无，分为有内胎轮胎和无内胎轮胎。

（4）根据帘线材料不同，分为人造丝（R）轮胎、棉帘线（M）轮胎、尼龙（N）轮胎和钢丝（G）轮胎。

（5）根据帘线排列方式的不同，分为普通斜交轮胎和子午线轮胎，如图 2-4-7 所示。

（6）按轮辋宽度不同，分为标准宽轮辋和宽轮辋轮胎。

2）充气轮胎的结构组成

充气轮胎按结构不同，可分为有内胎轮胎和无内胎轮两种。

（1）有内胎轮胎。有内胎轮胎由外胎、内胎和垫带组成。

① 外胎是轮胎的主要组成部分，它是用耐磨橡胶以及帘线制成的强度较高而又有弹性的外壳，直接与地面接触，保护内胎使其不受损伤，主要由胎面、胎圈和胎体等组成，如

图 2-4-8 所示。

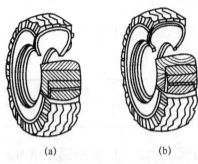

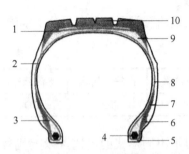

图 2-4-7 普通斜交轮胎与子午线轮胎

(a) 普通斜交轮胎；(b) 子午线轮胎

图 2-4-8 有内胎的轮胎结构

1—钢丝带束层；2—内衬层；3,7—下三角胶；4—钢丝圈；5—子口包布；6—隔离胶；8—胎侧；9—肩垫胶；10—胎面

② 内胎。内胎是一个环形的橡胶管，上面装有气门嘴，以便充入或排出空气，其自由尺寸稍小于外胎内壁尺寸，主要起密封作用，强度很低，单独几乎不能承载。

③ 垫带。垫带是一个环形的橡胶带，它垫在内胎与轮辋之间，保护内胎不被轮辋和胎圈磨坏，还可防止尘土及水汽侵入胎内。

（2）无内胎轮胎。无内胎轮胎的内壁上有一层橡胶密封层，在胎圈外侧也有一层橡胶密封层，用以增加胎圈与轮辋之间的气密性。气门嘴固定在轮辋一侧，用橡胶垫圈和螺母旋紧密封，如图 2-4-9 所示。

3) 轮胎规格的表示方法

一般用轮胎的外径 D、轮辋直径 d、断面宽度 B 和断面高度 H 的公称尺寸来表示轮胎的基本尺寸，如图 2-4-10 所示。基本尺寸的单位有英制、公制和公英制混合三种。轮胎的其他性能用字母表示。目前，常用的表示方法有：高压胎一般用两个数字中间加符号"×"表示，可写成 $D×B$。由于 $B≈H$，故选取轮辋直径 d 时可按 $d=D-2B$ 来计算。

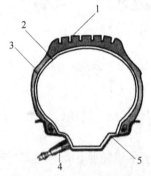

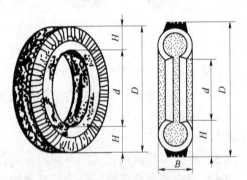

图 2-4-9 无内胎轮胎结构

1—槽纹；2—自黏层；3—橡胶密封层；4—气门嘴；5—轮辋

图 2-4-10 一般轮胎的基本规格尺寸含义

对于一般汽车轮胎，$B≈H$，断面呈圆形。但扁平轮胎断面 $H<B$，有的甚至差别很大，因此必须加以表示。通常以轮胎断面高度和宽度的比值 H/B 作为一个参数标注在轮胎上，称为扁平率；也有的把用途标在最前面。例如：P175/70R13 含义如下：P——乘用车用轮胎；175——

轮胎名义断面宽度（mm）；70——轮胎扁平率；R——子午线轮胎；13——轮辋名义直径（in）。

2.4.3 车轮动平衡机及使用方法

现代汽车修理厂广泛采用离车式车轮动平衡机，如图2-4-11所示。专用卡尺主要用来测量被检测车轮的轮辋（钢圈）宽度，铅块锤用来镶嵌或取下轮胎上的配重（一般为铅合金）。

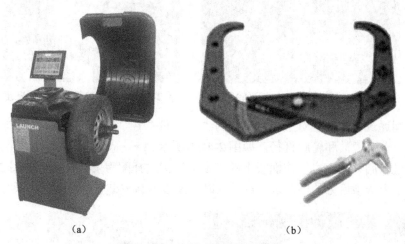

图 2-4-11　轮胎动平衡机及附件
（a）轮胎动平衡机；（b）专用卡尺及铅块锤

1. 车轮动平衡机的组成原理

车轮动平衡机主要由驱动装置、转轴、支承装置、显示与控制装置、制动装置、机箱和车轮防护罩等组成。

车轮动平衡机的工作原理是依据旋转刚体动平衡理论来实现的，一般是由电动机转换系统将不平衡量转换为电信号，然后通过电测系统的测量与计算，再由仪表显示出不平衡量。其原理如图2-4-12所示。

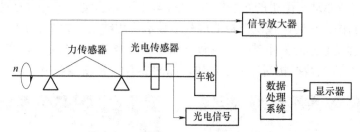

图 2-4-12　轮胎动平衡机原理示意图

2. 使用方法

（1）将被检测轮胎安装到动平衡检测机上，如图2-4-11（a）所示。
（2）使用轮胎动平衡检测仪上的拉尺测量检测仪与被检测轮胎的水平距离，如图2-4-13所示。
（3）使用卡尺测量被检测轮胎的轮辋（钢圈）宽度，如图2-4-14所示。

图 2-4-13　测量检测仪与被测轮胎距离

图 2-4-14　测量轮辋（钢圈）宽度

（4）分别通过检测仪上对应项目下方的"↑"和"↓"按钮，输入被检测轮胎的数据，即拉尺读数、卡尺读数和轮胎直径，如图 2-4-15 所示。

（5）通过轮胎动平衡机操作面板上的"ALU"键选择配重安装位置，如图 2-4-16 所示。当 1、2、3 三个选项后方的指示灯全部熄灭时，系统默认安装位置为轮胎两侧钢圈边缘。

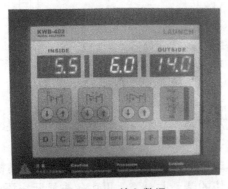
图 2-4-15　输入数据

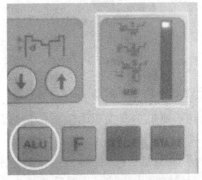
图 2-4-16　选择配重安装位置

（6）启动：将轮胎动平衡机的轮胎罩放下后，轮胎开始自动运转并进行动平衡数据检测。检测结束后，轮胎停止运转，控制面板的屏幕上显示检测结果，如图 2-4-17 所示。

（7）慢慢转动轮胎，当其中某个检测数据相邻的一排指示灯全亮时，在轮胎对应侧的正 12 点位置，镶嵌与检测数据相对应的配重块，如图 2-4-18 和图 2-4-19 所示。

图 2-4-17　检测结果

图 2-4-18　调整轮胎位置

（8）轮胎两侧配重镶嵌完毕后，重新对轮胎进行动平衡测试，直到操作面板显示数据为"0"时，操作完成，如图2-4-20所示。

特别提示

汽车车轮动平衡精度是否越高越好呢？实际上考虑到不平衡量在10 g以下时驾驶员不会有车轮振动的感觉，所以汽车轮胎动平衡的精度达到±5 g时就可以满足实际需要。

图2-4-19 镶嵌配重块

图2-4-20 检查

2.4.4 任务实施：汽车车轮平衡的检测

1. 任务实施目标

能正确识别汽车车轮；能对汽车车轮进行动平衡检测。

2. 任务实施准备

（1）车轮平衡机、专用卡尺、各种规格平衡铅块、铅块锤。
（2）气压符合规定的车轮。
（3）学生必须穿着工作服。

3. 任务实施步骤

（1）打开机箱电源开关，平衡机进行自检，自检完毕，进入下一步。
（2）把车轮装好。
（3）选择动平衡测试，输入车轮数据。
（4）输入距离值：在等待测量的状态下，拉出自动尺，将标尺头放在车轮内的轮辋上，保持标尺头与轮辋接触，输入测出的距离值。
（5）输入轮辋宽度L：用宽度测量尺量出轮辋对边宽度，按宽度人工输入按键［L↑］和［L↓］，选择输入正确的轮辋宽度。
（6）输入轮辋直径D：在轮胎上标有直径，确认后按轮辋直径输入键［D↑］和［D↓］输入轮辋直径。
（7）盖上保护盖，按［START］启动按钮，数秒后，机器自动停止。左侧显示屏显示车轮内侧不平衡值，右侧显示屏显示车轮外侧不平衡值，根据内外侧不平衡值选择相应的平衡块备用。

（8）用手缓慢转动车轮，至外侧不平衡指示灯全亮，表示此时轮辋外侧最高点（12点钟位置）为不平衡位置，在此位置加上相应的平衡块。

（9）用手缓慢转动车轮，至左侧不平衡指示灯全亮，表示此时轮辋内侧最高点（12点钟位置）为不平衡位置，在此位置加上相应的平衡块。

（10）盖上保护盖，按[START]启动按钮，重复以上操作步骤，直至两边显示器都显示"[0][0]"为止。一般重复操作三次以内正常。

（11）从平衡旋转轴上拆下轮胎，平衡结束。

 特别提示

① 使用时，非操作人员请勿靠近机器。
② 平衡机旋转轴部分不能受到任何撞击。
③ 车轮平衡机正常运转时，如果突然出现异常的噪声、烟雾或其他现象，应立即切断电源开关并拔掉电源插头，然后通知相关的维修服务人员。

2.4.5 知识能力拓展

——车轮不平衡的原因分析

汽车车轮由于制造上的原因，不可能各部分的质量都分布均匀，当车轮在高速旋转时，不平衡质量产生的离心力将引起车轮上下跳动和振摆，不仅影响汽车的行驶平顺性、乘坐舒适性和操纵稳定性，而且导致车辆难以控制，影响到汽车的行驶安全，同时还加剧了车轮和相关零部件的磨损和冲击，缩短了汽车使用寿命，增加了使用成本。引起车轮不平衡的主要原因有：

（1）轮胎轮辋及挡圈等几何形状失准或密度不均而形成先天的重心偏离。
（2）因轮毂和轮辋定位误差，安装中心难以重合。
（3）维修过程中的拆装破坏了原有的整体综合重心。
（4）因车轮行驶碰撞造成变形，引起重心偏移。
（5）车轮高速行驶过程中因制动抱死而引起的纵向及横向滑移造成局部的不均匀磨损。
（6）前轮定位不准引起轮胎偏磨，从而引起车轮不平衡。
（7）轮胎修补后破坏了原有平衡状态。

 本任务小结

1. 车轮不平衡会影响汽车行驶的平顺性、安全性和乘坐舒适性，加剧轮胎和有关元件的非正常磨损。
2. 汽车车轮由于制造上的原因，不可能各部分的质量分布均匀，当车轮在高速旋转时，不平衡质量产生的离心力将引起车轮上下跳动和振摆。
3. 现代汽车修理厂广泛采用离车式车轮平衡机对车轮进行动平衡检测。

4. 平衡机的工作原理是依据旋转刚体动平衡理论来实现的，一般是由电动机转换系统将不平衡量转换为电信号，通过电测系统的测量与计算，由仪表显示不平衡量。

1. 说明车轮的基本结构组成及子午线轮胎的表示方法。
2. 分析车轮不平衡对车辆有什么影响。
3. 分析车轮不平衡的原因。
4. 简要叙述车轮平衡机的使用方法。

任务 5　检测底盘部件

1. 掌握底盘部件检测项目和要求。
2. 能够正确使用测量仪对底盘各个系统进行检测。
3. 掌握底盘部件性能检测规范。
4. 能分析检测结果。

能力目标	知识要点	权重
能说出底盘部件检测项目和要求	底盘部件技术要求	20%
熟知底盘部件检测设备和方法	底盘部件检测参数、设备及方法	40%
会检测汽车底盘性能	底盘性能检测标准和规范	30%
能正确分析检测结果	底盘各系统检修	10%

一捷达轿车需要进行年检，车主担心不能过关，请求检查底盘系统。

2.5　相关知识

GB 21861—2014《机动车安全技术检验项目和方法》中规定：属于使用年限在 10 年以内的非营运小型、微型载客汽车的，增加底盘动态检验、车辆部件检查等项目。

2.5.1 底盘动态检验

1. 检验项目和检验方法（见表 2-5-1）

表 2-5-1 检验项目和检验方法

检验项目		检验方法
底盘动态检验	制动系统	以不低于 20 km/h 的速度正直行驶，双手轻扶转向盘，急踩制动踏板后迅速放松
	转向系统	起步并行驶 20 m 以上，通过检验员操作车辆，利用目视、耳听、操作感知等方式检查。对转向盘最大自由转动量和转向力有疑问时，使用转向盘转向力—转向角检测仪测量相关参数
	传动系统	
	仪表和指示器	检验过程中，观察仪表和指示器

2. 底盘动态检验技术要求

1）转向系统

车辆的转向盘应转动灵活，操纵方便，无卡滞现象，最大自由转动量应符合 GB 7258—2012 的要求。

2）传动系统

（1）车辆换挡应正常，变速器倒挡应能锁止。

（2）离合器接合应平稳，无打滑、分离不彻底现象。

3）行驶系统

机动车在平坦、硬实、干燥和清洁的道路上行驶不应跑偏，其转向盘（方向把）不应有摆振、路感不灵或其他异常现象。

4）制动系统

车辆正常行驶时无制动阻滞、车轮抱死的现象，制动时制动踏板动作应正常，反应迅速；转向盘无抖动、无跑偏现象。

4）仪表和指示器

车辆配备的车速表等各种仪表和指示器不应有异常情形。

3. 转向系统检测

1）转向盘转向力的检测

转向盘的转向力是指在一定行驶条件下，作用在转向盘外缘的圆周力。

（1）技术要求。按照 GB 7258—2012《机动车运行安全技术条件》的规定，转向盘转向力应符合以下要求：机动车在平坦、硬实、干燥且清洁的水泥或沥青道路上行驶，以 10 km/h 的速度在 5 s 之内沿螺旋线从直线行驶过渡到直径为 25 m 的圆周行驶，施加于转向盘外缘的最大切向力不得大于 245 N。

（2）检验仪器及方法。国产 ZC-2 型转向参数测量仪是以微机为核心的智能仪器，可测得转向盘自由行程和转向力。该仪器由操纵盘、主机箱、连接叉和定位杆四部分组成，如图 2-5-1 所示。操纵盘由螺钉固定在三爪底板上，底板经力矩传感器与三个连接叉相连，每个连接叉上都有一只可伸缩长度的活动卡爪,以便与被测转向盘相连接。主机箱为一圆形结构,固定在底板中央,其内装有接口板、微机板、转角编码器、打印机、力矩传感器和蓄电池等。定位杆从底板下伸出,经磁力座吸附在驾驶室内的仪表盘上。定位杆的内端连接有光电装置,光电装置装在主机箱内的下部。

测量时,把转向参数测量仪对准被测转向盘中心,调整好三个连接叉上伸缩卡爪的长度,与转向盘连接并固定好。转动操纵盘,转向力通过底板、力矩传感器、连接叉传递到被测转向盘上,使转向盘转动以实现汽车转向。此时,力矩传感器将转向力矩转变成电信号,而定位杆内端连接的光电装置则将转角的变化转变成电信号。这两种电信号由微机自动完成数据采集、转角编码、运算、分析、存储、显示和打印。

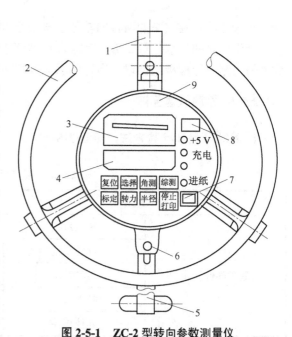

图 2-5-1 ZC-2 型转向参数测量仪
1—连接叉;2—操纵盘;3—打印机;4—显示器;5—定位杆;
6—固定螺栓;7—电源开关;8—电压表;9—主机箱

2) 转向盘自由行程的检测

(1) 技术要求。按照 GB 7258—2012《机动车运行安全技术条件》要求,机动车方向盘的最大自由转动量应小于等于:

① 最大设计车速大于等于 100 km/h 的机动车:15°。
② 三轮汽车:35°。
③ 其他机动车:25°。

(2) 测量仪器及方法。简易转向盘自由转动量检测仪如图 2-5-2 所示,它只能检测转向盘的自由行程。该仪器主要由刻度盘和指针两部分组成,刻度盘与指针分别固定在转向盘轴管和转向盘边缘上,有机械式和磁力式两种。

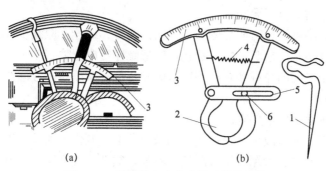

图 2-5-2 简易转向盘自由转动量检测仪
(a) 检测仪的安装;(b) 检测仪的结构
1—指针;2—夹臂;3—刻度盘;4—弹簧;5—连接板;6—固定螺钉

测量方法：使汽车的两转向轮处于直线行驶位置不动，轻轻向左（或向右）转动转向盘至空行程一侧的极端位置（感到有阻力），调整指针指向刻度盘零度；然后，再轻轻转动转向盘至另一侧空行程极端位置，指针所示刻度即转向盘的自由转动量。

2.5.2 检测底盘部件

1. 检验项目和检验方法（见表 2-5-2）

表 2-5-2　检验项目和检验方法

检验项目		检验方法
底盘部件检查	转向系统	车辆停放在地沟上方的指定位置，使用专用手锤等工具检查，并由驾驶室操作人员配合。大中型客车、重中型货车、专项作业车、挂车检查时应使用底盘间隙仪
	行驶系统	
	传动系统	
	制动系统	
	其他部件	

2. 技术要求

1) 转向系统部件

转向系统部件应满足以下要求：

（1）各部件不应松动。

（2）横直拉杆不应有拼焊、损伤、松旷和严重磨损等情况。

（3）转向过程中不应有干涉或摩擦现象。

2) 传动系统部件

传动系统部件应满足以下要求：

（1）变速器等部件应连接可靠。

（2）传动轴、万向节及中间支承和支架不应有裂纹和松旷现象，不应有漏油现象。

3) 行驶系统部件

行驶系统部件应满足以下要求：

（1）车架纵梁、横梁不应有明显变形、损伤，铆钉、螺栓不应缺少或松动。

（2）钢板吊耳及销不应松旷，中心螺栓、U 形螺栓不应松旷。

（3）车架与悬架之间的拉杆和导杆不应松旷和移位，减震器不应漏油。

4) 制动系统部件

制动系统部件应满足以下要求：

（1）制动系统应无擅自改动，不应从制动系统获取气源作为加装装置的动力源。

（2）制动主缸、轮缸、管路等不应漏气、漏油，制动软管不应有明显老化。

（3）制动系统管路与其他部件无摩擦和固定松动现象。

5) 其他部件

（1）发动机的固定应可靠。

（2）排气管、消声器应安装牢固，不应有漏气现象，排气管口不得指向车身右侧（如受结构限制排气管口必须偏向右侧，则排气管口中心线与机动车纵向中心线的夹角应小于15°）和正下方；专门用于运送易燃和易爆物品的危险货物运输车，排气管应装在罐体/箱体前端面之前、不高于车辆纵梁上平面的区域，并安装机动车排气火花熄灭器，机动车尾部应安装接地装置。

（3）电器导线应布置整齐、捆扎成束、固定卡紧，且无破损现象。

（4）燃料箱应固定可靠，不应漏油；燃料管路与其他部件不应有碰擦，不应有明显老化。

（5）承载式车身底部应完整，不应有影响车身强度的变形和破损。

（6）轮胎内侧不应有严重磨损、割伤和腐蚀。

2.5.3　项目实施：检测底盘部件

1. 项目实施目标

能正确检测车辆的底盘部件；能根据检测结果判别车辆底盘性能并进行故障诊断；同时进一步熟悉底盘各系统功用、连接关系和工作原理。

2. 项目实施准备

（1）轿车（或其他车型）一辆。

（2）检验辅助器具应齐全。

（3）学生必须着工装、穿工鞋。

3. 项目实施步骤

1）转向系统

（1）部件连接。转向轮停放在底盘间隙检查仪上，操作滑板开关使转向轮随滑板产生方向位移，在地沟内检视转向机构各部件的连接、固定、锁止、限位是否正常，有无卡阻和运动干涉。

（2）部件技术情况。在地沟内检视转向节、转向臂、横直拉杆、转向器摇臂、球销总成有无变形及拼焊；采用检验锤敲击和目视的方法，检查转向节、转向臂、横直拉杆、转向器摇臂、球销总成有无可视的裂纹；操纵底盘间隙检查仪滑板开关使转向轮随滑板产生方向位移，检视转向器摇臂、球销总成及各连杆的连接部位有无松旷；检视转向器壳和侧盖有无裂损和渗漏油现象。

（3）转向助力装置。起动发动机，左右转动转向盘，检查转向助力装置是否工作正常，有无传动带打滑及漏油现象。

2）行驶系统

（1）车架、车桥、拉杆和导杆。

① 车架。在地沟内，检视全承载式结构的车身以及非全承载式结构的车架纵梁、横梁有无开裂和变形等损伤，铆钉、螺栓是否齐全有效。

② 车桥。在地沟内，检视车桥的桥壳有无可视裂纹及变形，车桥密封是否良好，有无漏油现象。

③ 拉杆和导杆。在地沟内，晃动拉杆和导杆，检视车桥与悬架之间的拉杆和导杆有无松旷、移位及可视的变形和裂纹。

（2）车轮及螺栓、螺母。检视各车轮的轮辋有无裂纹，车轮及半轴的螺栓、螺母是否齐全完好。对于疑似松动和损伤的螺栓、螺母，采用检验锤敲击和目视的方法，检查螺栓、螺母是否连接可靠；检视各车轮有无安装有碍于观察螺栓、螺母技术状况的装饰罩和装饰帽。

（3）轮胎。

① 检视各轮胎的胎冠、胎壁有无长度超过 25 mm 或深度足以暴露出帘布层破裂和割伤以及凸起、异物刺入等影响使用的缺陷，并检查轮胎间有无异物嵌入。

② 检视各轮胎磨损情况。无磨损标志或标志不清的轮胎，当其花纹深度与规定限值接近而无准确判定时，应采用轮胎花纹深度尺或专用设备测量胎冠花纹深度。具有磨损标志的轮胎，检视胎冠的磨损是否触及磨损标志。

③ 检视同轴轮胎的规格和花纹是否相同。

④ 检视各轮胎的速度级别，是否不低于车辆最高设计车速的要求。

⑤ 采用检验锤敲击和目视的方法，巡视各轮胎的充气状况，必要时用气压表测量轮胎气压。

⑥ 检视客车和危险货物运输车的所有车轮、货车的转向轮是否装用翻新的轮胎。

⑦ 检视车长大于 9 m 的客车和危险货物运输车是否装有子午线轮胎，卧铺客车是否装用无内胎子午线轮胎。

⑧ 检查是否随车配备备用轮胎，固定是否牢固。

（4）悬架。

① 弹性元件。悬架弹性元件的检查在地沟内进行。对于钢板弹簧，检视有无裂纹、缺片、加片、断裂、塑性变形和功能失效等现象。对于空气弹簧，采用检验锤敲击和目视的方法，检查空气弹簧的气密性和外观状况。同时检视悬架的弹性元件是否安装牢固。

② 悬架部件连接。悬架部件连接的检查在地沟内进行。采用检验锤敲击和目视的方法，检视悬架的弹性元件总成、减震器、导向杆（若装配）等部件是否连接可靠，钢板弹簧的 U 形螺栓、螺母是否齐全紧固，吊耳销（套）有无松旷和断裂，锁销是否齐全有效。

③ 减震器。检视减震器是否稳固有效，有无漏油现象。

3）传动系统

（1）离合器、变速器及传动件异响。被检车辆在行驶过程中，进行以下检查：

① 进行换挡操作，检查离合器接合是否平稳、分离是否彻底、操作是否轻便，有无异响、打滑、抖动和沉重等现象。

② 进行换挡操作，检查变速器操纵是否轻便、挡位是否准确，有无异响。

③ 检查传动轴、主减速器和差速器有无异响。

（2）万向节与轴承、变速器密封性。在地沟内进行以下检查：

① 晃动传动轴，检视万向节、中间轴承有无松旷及可视的裂损。

② 检视变速器有无滴漏油现象。

特别提示

检测时，应明确检测内容和要求，做到仔细不漏项。

2.6.6 知识能力拓展

——离合器打滑故障诊断

1) 故障现象

（1）汽车起步时，完全放松离合器踏板，汽车不能起步或起步困难。

（2）汽车行驶中加速时，车速不能随发动机转速的提高而增加，发动机的动力不能完全传至驱动轮，造成行驶无力，上坡时现象明显，严重时会散发出因摩擦衬片过热而产生的烧焦气味。

2) 故障原因

打滑的主要原因是离合器摩擦片摩擦力不足，而摩擦力不足则是由以下原因造成的：

（1）离合器踏板自由行程过小或消失；分离杠杆与分离轴承的间隙过小或消失；离合器盖变形或与飞轮的连接松动，使压盘处于半分离状态，在传递动力时打滑。

（2）离合器摩擦片磨损减薄；铆钉外露；表面硬化、烧蚀或沾有油污，使摩擦系数下降。

（3）驾驶员操作不当导致压紧弹簧滑磨过度产生高热，使弹力下降；个别弹簧因疲劳而断裂，使压紧力下降。

（4）离合器杆系卡滞，离合器踏板不能彻底回位，不能使分离轴承与分离杠杆离开。

3) 故障诊断与排除

（1）起动发动机，踏下离合器踏板，将变速杆挂入低速挡位，拉紧手制动杆，稍微踩下加速踏板，慢抬离合器踏板，使离合器接合，若 3 s 后发动机才熄火，则是离合器开始打滑的预兆；若发动机继续运转并不熄火，表示离合器已经打滑。

（2）判定为离合器打滑后，再检查离合器踏板自由行程是否过小。卸下离合器底盖，检查分离轴承和分离杠杆之间的间隙是否符合制造厂规定。如果自由行程正常，则应检查离合器盖与飞轮连接是否可靠，对于不符合要求的应进行调整和紧固。

（3）如上述调试无效，应拆下离合器总成检查摩擦片状况，例如摩擦片表面是否沾有油污，摩擦片表面是否有轻微烧蚀或硬化，是否有个别铆钉外露等。

（4）当摩擦片状况良好时，分解离合器，检查压紧弹簧弹力。若个别弹簧弹力稍有减小，可在压紧弹簧下面加装适当厚度的垫圈继续使用；若弹力过弱，甚至折断，应予以更换。

——转向系统故障诊断

1. 转向沉重

1) 故障现象

汽车转弯时，转动转向盘感到吃力，且无回正感。

2) 故障原因

转向沉重的原因与轮胎气压不足及悬架、车轴和转向轮定位等所存在的故障有关，与转向系统有关的故障有以下几种：

（1）转向器齿轮啮合间隙过小。

（2）转向轴的轴承过紧或损坏。

（3）转向拉杆的球头销与球头座配合过紧。

（4）转向轴万向节十字轴配合过紧。

（5）前稳定杆变形。

3）故障诊断与排除

（1）拆下转向节臂并转动转向盘。

（2）若仍感到转向沉重，说明转向器存在故障，如齿轮啮合间隙过小及转向柱轴套严重磨损等。

（3）若感觉转向并不沉重，应检查拉杆球头间隙是否过小、车身是否变形及转向轮定位角是否满足要求等。

2. 自动跑偏

1）故障现象

汽车在行驶中，行驶方向自动偏向一边，不易保持直线行驶，操纵困难。

2）故障原因

汽车直行自动跑偏的原因主要与轮胎、减震器、转向轮定位和前轮制动器等的技术状况有关，主要包括以下几种：

（1）左、右轮胎气压不一致。

（2）前左、前右减震器弹簧刚度不一致。

（3）车身变形或车架变形使两侧轴距不等。

（4）转向轮定位失准。

（5）转向轮单边制动或单边制动拖滞。

（6）转向轮单边轮毂轴承装配过紧或损坏。

（7）某一侧转向轮的前稳定杆、下摆臂变形。

3）故障诊断与排除

（1）检查左、右转向轮气压是否符合标准及是否一致。若不符合标准或不一致，应充气至标准值。

（2）检查前稳定杆和前摆臂是否变形，减震器弹簧刚度及左、右钢板弹簧的变形量是否一致。

（3）行车后检查左、右轮毂和制动毂的温度情况。若温度不一致，则说明高温一侧的制动器存在单边制动、制动拖滞或轮毂轴承装配过紧、损坏等情况。

（4）检查转向轴的轴距和转向轮定位是否符合标准。

1. 汽车底盘包括传动系统、转向系统、行驶系统和制动系统。

2. 汽车底盘检测需要专用手锤、地沟、底盘间隙仪、转向盘转向力-转向角检测仪、转向盘自由转动量检测仪、直尺等。

 练习与思考

一、选择题

1. 在对制动系统进行动态检验时,车辆应以不低于( )的速度正直行驶。
   A. 20 km/h   B. 15 km/h   C. 30 km/h   D. 25 km/h
2. GB 7258—2012要求最大设计车速大于等于100 km/h的机动车其转向盘的最大自由转动量应小于等于( )。
   A. 10°   B. 15°   C. 20°   D. 25°
3. 无磨损标志或标志不清的轮胎,当其花纹深度与规定限值接近而无准确判定时,应( )。
   A. 更换   B. 采用仪器测量   C. 送修   D. 保持原样

二、简答题

1. 离合器打滑的原因有哪些?
2. 简述转向系统的检测项目和要求。

任务6 检测汽车的制动性能

 学习目标

1. 掌握制动性能的评价指标及含义。
2. 能正确使用设备。
3. 掌握制动性能测试规范。
4. 能分析检测结果。

 学习要求

能力目标	知识要点	权重
能解释制动性能的评价指标及含义	制动性能的评价指标	20%
熟知制动性能检测设备和方法	反力式制动性能检测原理和方法;平板式制动性能检测原理和方法	30%
会检测汽车制动性能	制动性能检测标准和规范	40%
能正确分析制动系统常见故障	制动系统检修	10%

 引例

客户反映其驾驶的捷达轿车刹车不灵,请求检修制动系统。

2.6 相关知识

2.6.1 对汽车制动性能的基本要求

汽车制动系统应具有行车制动、应急制动和驻车制动三大基本功能。为此制动系统应满足以下基本要求：

（1）要有足够的制动力，以保证汽车能够迅速、平稳地停车；汽车应具有应急制动功能；应具有坡度停车制动的功能（即驻车制动）。

（2）制动操作要轻便（踏板力、手刹力都不应使驾驶员疲劳）。

（3）应具有制动方向稳定性，即在紧急制动时，汽车能够保持稳定的方向，不至于出现跑偏、侧滑（甩尾）之类的现象（制动力在前、后轴间分配的合理性）。

（4）制动平稳。制动时制动力应迅速平稳地增加，在放松制动踏板时制动应迅速消失、不拖滞。

（5）不能自行制动。

（6）应具有制动效能恒定性，也就是指制动器摩擦副的摩擦系数应尽量不受制动器工作时产生的高温和外界进入的水的影响。

2.6.2 制动性能评价指标

三个评价指标：制动效能（含制动距离和制动减速度）；制动效能恒定性（抗衰退性能）；制动时方向稳定性（包括抗跑偏、抗侧滑和保持转向能力的性能）。

1. 制动效能

制动效能是指，在良好的路面上，汽车以规定的初始车速和踏板力，制动到停车的制动距离或制动时汽车的减速度。它是制动性能的最基本指标，主要就包括制动距离和制动时充分发出的平均减速度。

制动距离：在我国安全法中，指机动车在规定的初速度下急踩制动时，从脚接触制动踏板时起至机动车停住时驶过的距离。

充分发出的平均减速度：汽车在规定的初速度下急踩制动踏板时，按下式测试计算得到的减速度。

$$MFDD=(v_b-v_e)/[25.92\times(s_e-s_b)]$$

式中，MFDD——充分发出的平均减速度（m/s²）；

v_b——$0.8v_0$，试验车速（km/h）；

v_e——$0.1v_0$，试验车速（km/h）；

v_0——试验车制动初速度（km/h）；

s_b——试验车速从 v_0 到 v_b，车辆行驶的距离（m）；

s_e——试验车速从 v_0 到 v_e，车辆行驶的距离（m）。

2. 制动效能恒定性

抗热衰退性能：汽车在高速行驶或下长坡道时制动性能的保持程度。

抗水衰退性能：汽车涉水后对制动性能的保持能力。

3. 制动时方向稳定性

制动时方向稳定性指制动时汽车按给定路径行驶的能力。

制动时若发生跑偏、侧滑或失去转向能力，则汽车将偏离给定的行驶路径。这时，汽车的制动方向稳定性能不佳。

特别提示

在检测条件一定时，制动距离的长短能反映制动系统的技术状况，其制动距离越短，则汽车制动性能越好。因此，常用制动距离作为路试检测制动性能的指标。

2.6.3 汽车制动性能的检测标准（GB 7258—2012）

1. 台试检测标准

1) 行车制动检测标准

（1）制动力。汽车、汽车列车在制动检验台上测出的制动力应符合的要求见表 2-6-1。当对空载检验制动力有质疑时，可用表 2-6-1 规定的满载检验制动力要求进行检验。

表 2-6-1 台试检测制动力要求

汽车类型	制动力总和与整车重力的比例/%		轴制动力与轴荷①的比例/%	
	空载	满载	前轴	后轴
三轮汽车	≥45	≥45	—	≥60②
乘用车、总质量不大于 3 500 kg 的货车	≥60	≥50	≥60 [2]	≥20②
其他汽车、汽车列车	≥60	≥50	≥60②	—

注：① 用平板制动检验台检验乘用车时应按动态轴荷计算。
② 空载和满载状态下测试均应满足此要求。

（2）制动力平衡。在制动力增长全过程中同时测得的左、右轮制动力差的最大值，与全过程中测得的该轴左、右轮最大制动力中大者之比，对前轴不应大于 20%，对后轴（及其他轴）在轴制动力不小于该轴轴荷的 60% 时不应大于 24%；当后轴（及其他轴）制动力小于该轴轴荷的 60% 时，在制动力增长全过程中同时测得的左、右轮制动力差的最大值不应大于该轴轴荷的 8%。

（3）制动协调时间。对液压制动的汽车不应大于 0.35 s，对气压制动的汽车不应大于 0.60 s；汽车列车和铰接客车、铰接式无轨电车的制动协调时间不应大于 0.80 s。

（4）车轮阻滞力。进行制动力检验时各车轮的阻滞力均不应大于车轮所在轴轴荷的 10%。

2) 驻车制动检测标准

当采用制动试验台检测汽车驻车制动装置的制动力时，汽车空载，乘坐一名驾驶员，使用驻车制动装置，驻车制动力的总和不应小于该车在测试状态下整车重力的 20%（对总质量为整备质量 1.2 倍以下的机动车为不小于 15%）。

当汽车经台架检测后对其制动性能有质疑时，可用规定的路试检测进行复检，并以满载路试的检测结果为准。

汽车制动完全释放时间（从松开制动踏板到制动消除所需时间）不应大于 0.80 s。

2. 路试检测标准

1）行车制动检测标准

（1）制动距离法检测。

① 制动距离。汽车在规定的初速度下的制动距离和制动稳定性要求见表 2-6-2。当对空载检验的制动距离有质疑时，可用表 2-6-2 规定的满载检验制动距离要求进行检验。

② 制动稳定性。制动过程中汽车的任何部位（不计入车宽的部位除外）不允许超出表 2-6-2 规定的试验通道宽度的边缘线。

表 2-6-2　制动距离和制动稳定性要求

机动车类型	制动初速度/(km·h⁻¹)	满载检验制动距离要求/m	空载检验制动距离要求/m	试验通道宽度/m
三轮汽车	20	≤5.0	≤5.0	2.5
乘用车	50	≤20.0	≤19.0	2.5
总质量不大于 3 500 kg 的低速货车	30	≤9.0	≤8.0	2.5
其他总质量不大于 3 500 kg 的汽车	50	≤22.0	≤21.0	2.5
其他汽车、汽车列车	30	≤10.0	≤9.0	3.0

（2）制动减速度法检测。

① 充分发出的平均减速度。汽车、汽车列车在规定的初速度下急踩制动时充分发出的平均减速度及制动稳定性要求见表 2-6-3。当对空载检验充分发出的平均减速度有质疑时，可用表 2-6-3 规定的满载检验充分发出的平均减速度进行检验。

表 2-6-3　制动减速度和制动稳定性要求

机动车类型	制动初速度/(km·h⁻¹)	满载检验充分发出的平均减速度/(m·s⁻²)	空载检验充分发出的平均减速度/(m·s⁻²)	试验通道宽度/m
三轮汽车	20	≥3.8	≥3.8	2.5
乘用车	50	≥5.9	≥6.2	2.5
总质量不大于 3 500 kg 的低速货车	30	≥5.2	≥5.6	2.5
其他总质量不大于 3 500 kg 的汽车	50	≥5.4	≥5.8	2.5
其他汽车、汽车列车	30	≥5.0	≥5.4	3.0

② 制动协调时间。对液压制动的汽车不应大于 0.35 s，对气压制动的汽车不应大于 0.60 s；对汽车列车、铰接客车和铰接式无轨电车不应大于 0.80 s。

③ 制动稳定性。在规定的初速度下急踩制动时，车辆任何部位（不计入车宽的部位除外）不允许超出表 2-6-3 规定的试验通道宽度的边缘线。

（2）制动踏板力或制动气压要求。

① 满载检验时，气压制动系统气压表的指示气压不大于额定工作气压；液压制动系统踏板力：乘用车不大于 500 N，其他机动车不大于 700 N。

② 空载检验时，气压制动系统气压表的指示气压不大于 600 kPa；液压制动系统踏板力：乘用车不大于 400 N，其他机动车不大于 450 N。

2）应急制动检测标准

汽车（三轮汽车除外）在空载和满载状态下，按表 2-6-4 所列初速度进行应急制动性能检测，应急制动性能要求见表 2-6-4。

表 2-6-4 应急制动性能要求

机动车类型	制动初速度/$(km \cdot h^{-1})$	制动距离/m	充分发出的平均减速度/$(m \cdot s^{-2})$	允许操纵力（不应大于）/N	
				手操纵	脚操纵
乘用车	50	≤38.0	≥2.9	400	500
客车	30	≤18.0	≥2.5	600	700
其他汽车（三轮汽车除外）	30	≤20.0	≥2.2	600	700

3）驻车制动检测标准。

在空载状态下，驻车制动装置应能保证机动车在坡度为 20%（对总质量为整备质量的 1.2 倍以下的机动车为 15%）、轮胎与路面间的附着系数不小于 0.7 的坡道上正、反两个方向保持固定不动，其时间不应少于 5 min。对于允许挂接挂车的汽车，其驻车制动装置必须能使汽车列车在满载状态下时能停在坡度为 12%的坡道（坡道上轮胎与路面间的附着系数不应小于 0.7）上。

2.6.4 汽车制动性能台试检测设备

汽车制动性能的台试检测就是利用汽车制动试验台进行检测的。汽车制动试验台型式多样，按测试原理不同，分为反力式和惯性式；按试验台支撑车轮型式不同，分为滚筒式和平板式。目前，国内使用较多的是单轴反力式滚筒制动试验台。

1. 单轴反力式滚筒制动试验台

1）基本结构

单轴反力式滚筒制动试验台的结构简图如图 2-6-1 所示。它由结构完全相同的左右两套车轮制动力测试单元和一套指示控制装置组成。每一套车轮制动力测试单元均由框架（有的试验台将左右测试单元由框架制成一体）、驱动装置、滚筒组、举升装置和测量装置等构成。

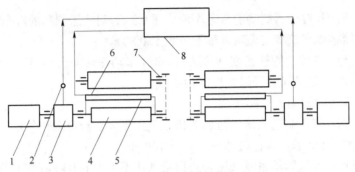

图 2-6-1 单轴反力式滚筒制动试验台结构简图

1—电动机；2—压力传感器；3—减速器；4—滚筒；5—第三滚筒；6—电磁传感器；7—链传动；8—测量指示仪表

（1）驱动装置。驱动装置由电动机、减速器和链传动组成，如图 2-6-2 所示。电动机通过减速器两级减速后驱动主动滚筒，主动滚筒通过链传动带动从动滚筒旋转。减速器输出轴与主动滚筒共用一轴，减速器壳体为浮动连接（可绕主动滚筒轴自由摆动）。电动机电枢轴与减速器输出轴同心，减速器壳与电动机壳连成一体，电动机电枢轴与减速器输出轴分别通过滚动轴承及轴承座支承在框架上，减速器壳与电动机壳可绕支承轴线自由摆动。

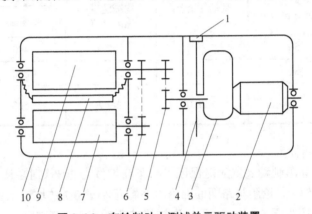

图 2-6-2 车轮制动力测试单元驱动装置

1—传感器；2—电动机；3—减速器；4—测力杆；5，6—链传动；7—从动滚筒；
8—第三滚筒；9—主动滚筒；10—框架

（2）滚筒组。每一套车轮制动力测试单元设置一对主、从动滚筒。每个滚筒的两端分别用滚动轴承与轴承座支承在框架上，且保持两滚筒轴线平行。滚筒相当于一个活动的路面，用来支承被检车辆的车轮，并承受和传递制动力。汽车轮胎与滚筒间的附着系数将直接影响制动试验台所能测得的制动力大小。为了增大滚筒与轮胎间的附着系数，滚筒表面都进行了相应加工与处理，如矩形槽滚筒、表面粘砂滚筒和表面烧结滚筒等。这些滚筒表面附着系数均能达到 0.7 以上。

滚筒直径与两滚筒间中心距的大小对试验台有较大影响。滚筒直径增大有利于改善与车轮之间的附着情况，增加测试速度，使检测过程更接近实际制动情况，但必须相应增加驱动电动机的功率。而且随着滚筒直径增大，两滚筒中心距也要增大，才能保证合适的安置角。这样使试验台结构尺寸相应增大，制造要求提高。

目前的制动试验台在主、从动滚筒之间设置一直径较小，既可自转又可上下摆动的第三滚筒，平时利用弹簧将其保持在最高位置，而在设置有第三滚筒的制动试验台上大多取消了举升装置。在第三滚筒上装有转速传感器，在检验时，被检车辆的车轮置于主、从动滚筒上的同时压下第三滚筒，并与其保持可靠接触，控制装置通过转速传感器即可获知被测车轮的转动情况。当被检车轮制动，转速下降至接近抱死时，控制装置根据转速传感器送出的相应电信号使驱动电动机停止转动，以防止滚筒剥伤轮胎和保护驱动电动机。第三滚筒除了上述作用外，有的试验台上还作为安全保护装置用，只有当两个车轮制动测试单元的第三滚筒同时被压下时，试验台电动机电路才能接通。

（3）制动力测量装置。制动力测量装置主要由测力杠杆和传感器组成。测力杠杆一端与传感器连接，另一端与减速器壳体连接，被测车轮制动时测力杠杆与减速器壳体将一起绕主动滚筒（或绕减速器输出轴、电动机枢轴）轴线摆动，传感器将测力杠杆传来的与制动力成比例的力（或位移）转变成电信号输送到指示、控制装置，传感器有应变测力式、自整角电动机式、电位计式和差动变压器式等类型。日本式制动试验台多采用自整角电动机式传感器，而欧洲式以及近期国产制动试验台多采用应变测力式传感器。

（4）举升装置。为了便于汽车出入制动试验台，在主、从两滚筒之间设置有举升装置，如图 2-6-3 所示。该装置通常由举升器、举升平板和控制开关等组成。举升器常用的有气压式、电动螺旋式和液压式三种形式。气压式是用压缩空气驱动气缸中的活塞或使气囊膨胀完成举升作用；电动螺旋式是由电动机通过减速器带动螺母转动，迫使丝杠轴向运动起举升作用；液压式是由液压举升缸完成举升动作。带有第三滚筒的制动试验台不设置举升装置。

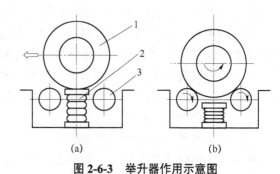

图 2-6-3　举升器作用示意图
（a）举升器升起：车辆驶入或驶出；（b）举升器降下：测试
1—被测车轮；2—举升器；3—滚筒

（5）指示与控制装置。制动力指示装置有指针式和数字显示式两种，指针式指示仪表有单针式和双针式两种形式。制动试验台控制装置一般采用电子式，为提高自动化与智能化程度，有的控制装置中配置计算机。带计算机的控制装置多配置数字显示器，但也有配置指针式指示仪表的。带计算机的指示与控制装置主要由计算机、放大器、A/D 转换器、数字显示器和打印机等组成。目前指示装置正向大型点阵显示屏或大表盘、大刻度方向发展，以使检测人员在较远距离处也能清晰易读。

2）检测原理

将被测汽车驶上制动试验台，车轮置于主、从动滚筒之间，放下举升器。通过延时电路起动电动机，电动机通过减速器及链传动驱动滚筒带动车轮低速转动。当驾驶员踩制动踏板时，在制动器摩擦力矩的作用下，车轮开始减速旋转，滚筒对车轮作用沿切线方向的制动力，以克服制动器摩擦力矩，维持车轮继续旋转。同时，车轮对滚筒表面沿切线方向作用着与制动力大小相等、方向相反的反作用力，在此力对滚筒轴线形成的反作用力矩作用下，浮动的减速器壳与测力杠杆一起朝滚筒转动相反的方向摆动，而测力杠杆另一端的力经传感器转换成与制动力大小成比例的电信号，如图 2-6-4 所示。此信号经放大变换处理后，由指示装置显示左右车轮制动力。

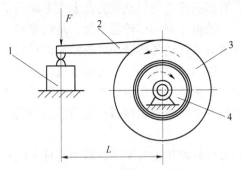

图 2-6-4 制动力测试原理

1—传感器；2—测力臂；3—电动机定子；
4—电动机转子

制动协调时间的测量是与制动力测量同步进行的，以驾驶员踩制动踏板的瞬间作为计时起点，由制动踏板上套装的踏板开关向控制装置发出信号，开始时间计数，直至制动力达到标准规定的制动力 75%时为止。

车轮阻滞力的测量是在汽车和驻车制动装置处于完全释放状态、变速器置于空挡位置时进行的。电动机通过减速器、链传动及滚筒来带动车轮维持稳定转动所需的力，即车轮阻滞力。

3）反力式制动试验台的检测特点

（1）检测迅速、经济、安全，不受外界条件的限制，测试车速低，测试条件稳定，重复性好。

（2）检测参数全面，能定量测得各车轮制动力、左右车轮制动力差、制动协调时间和车轮阻滞力。因而可全面评价汽车制动性能，并给制动系统的故障诊断、维修和调整提供依据。

（3）检测时，由于汽车没有实际行驶，因而其制动性能检测结果不能反映其他系统（如转向系统行驶系统）的结构、性能对制动性能的影响。

（4）对于装备有防抱死制动系统的汽车，由于检测时车轮防抱死不起作用，因而无法测得实际制动时的最大制动力，不能准确地反映防抱死制动系统汽车的性能。

4）制动试验台的维护

（1）每周维护除了进行使用前的维护项目外，还应检查滚筒轴承座和减速器、电动机等支承轴承座处的螺栓是否松动，如松动应予以紧固。

（2）每季度维护除进行每周维护项目外，还应检查滚筒轴承处的润滑情况。如有脏污或干涸，应按厂家规定的油品加注润滑脂。

（3）每半年维护除进行每季度维护项目外，还应进行以下项目的维护：

① 检查滚筒有无运转杂音或损伤，如有应予以修理。

② 检查减速器内润滑油的储油量及脏污程度，如不符合标准应按厂家规定的油品进行补充或更换。

③ 拆下链条罩，检查链条脏污和张紧情况。链条脏污时要彻底清洗、润滑。若松紧度不合适，应重新调整张紧；若链条磨损严重，应予以更换。

（4）每年维护除进行每半年维护项目外，还需接受相关部门对试验台的检定或自检，以便保证试验台的测试精度。

2. 平板式制动试验台

1）基本结构

平板式制动试验台主要由测试平板、控制和显示装置以及辅助装置等组成，如图 2-6-5 所示。

（1）测试平板。测试平板由面板、底板、钢球和力传感器等组成。底板作为底座固定在水平地面上，面板通过压力传感器和钢球支撑在底板上，其纵向则通过拉力传感器与底板相连。

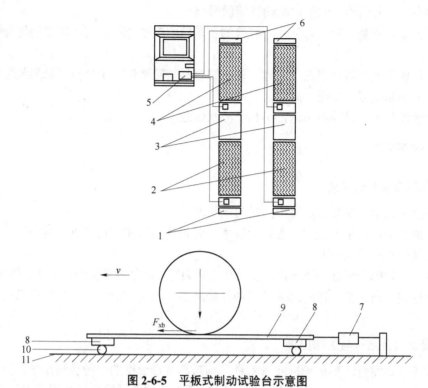

图 2-6-5 平板式制动试验台示意图

1—前引板；2—前测试平板；3—过渡板；4—后测试平板；5—控制和显示装置；6—后引板；7—拉力传感器；
8—压力传感器；9—测试平板的面板；10—钢球；11—底板

(2) 控制和显示装置。控制和显示装置是以计算机为核心的数据采集、分析、处理和显示系统。计算机对传感器的输出信号进行采集，将其转换为数字信号，然后对这些数字信号进行处理、计算，按要求显示各车轮制动力、轴制动力、左右轮制动力差、全车制动力、制动协调时间和制动释放时间等，并判定制动性能是否合格。

(3) 辅助装置。辅助装置包括前、后引板和中间过渡板，其作用是方便汽车平稳地上下制动试验台。

2) 检测原理

急踩制动时，车轮在汽车惯性力作用下，对测试平板产生作用力 F_{xb}，与此同时测试平板对车轮产生阻碍汽车前进的制动力，其与 F_{xb} 大小相等、方向相反，因此 F_{xb} 相当于要检测的制动力。而拉力传感器通过纵向拉杆能感受各车轮 F_{xb} 的信号，同时压力传感器能感受制动过程中各车轮的动态载荷信号，这些信号经控制装置转换放大处理后，显示装置即可记录或显示检测结果。

检测时，制动试验台平板表面应干燥，没有松散物质或油污。驾驶员以 5～10 km/h 的速度将车辆对正平板台并驶上平板，置变速器于空挡，急踩制动，使车辆停住，测得各轮制动力、每轴左右轮在制动力增长全过程的制动力差、制动协调时间、车轮阻滞力和驻车制动力等参数值。

3) 检测特点

(1) 检测结果更为接近汽车的实际制动性能，可反映轴荷转移效应和其他系统（如转向系统、行驶系统）的结构、性能对制动性能的影响。

（2）不仅能检测整车制动效果，还可检测各车轮的制动力和轴荷，能方便地分析和查证制动器故障。

（3）无须模拟汽车转动惯量，结构简单，较容易与轮重仪、侧滑台、悬架装置检测台组合使用，使车辆测试更为方便、高效。

（4）占地面积大，需助跑车道，不利于流水作业。

2.6.5 侧滑检测

1. 前轮侧滑检测的意义

侧滑是指车轮胎面在前进过程中的横向滑移现象。

前轮定位参数：主销内倾角、主销后倾角、前轮外倾角和前轮前束。其中对前轮侧滑起决定作用的是前轮外倾和前束。

若这两个参数配合得好，侧滑就可以很小或者为零；反之侧滑量会比较大。侧滑量太大，会引起汽车行驶方向不稳、转向沉重、增加轮胎磨损、加大燃油消耗，甚至操纵失准而导致交通事故。

2. 侧滑试验台结构与工作原理

侧滑试验台是测量汽车车轮横向滑动量并判断其是否合格的一种检测设备，有滑板式和滚筒式之分。其中，滑板式侧滑试验台在我国获得了广泛应用。滑板式侧滑试验台按滑动板数量不同，可分为单板式和双板式两种。它们一般均由测量装置、指示装置和报警装置等组成。下面介绍双滑板式侧滑试验台的结构与工作原理。

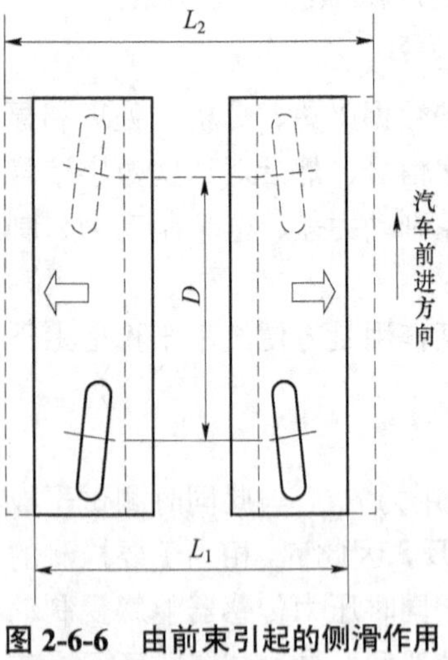

1）双滑板式侧滑试验台的测量原理

（1）由前束引起的侧滑作用。

让有前束的前轮驶过只能横向移动的滑板，由于前束的存在，每个车轮都将边滚边向外侧推动滑板，如图2-6-6所示。

若车轮滚过一段距离 D 之后，滑板总的滑移量是 L_2-L_1，其中 $L_2>L_1$，则平均每个车轮的滑移量是 $(L_2-L_1)/2$。

$$S_1 = \frac{L_2 - L_1}{2D} (\text{mm/m})$$

图 2-6-6 由前束引起的侧滑作用

特别提示

滑移量是左右两个车轮共同作用的结果。不论两轮的偏斜情况是否对称，都不会影响以上的分析。

（2）由前轮外倾引起的侧滑作用。

若让仅有前轮外倾而无前束的车轮驶过滑板，由于前轮外倾使车轮边滚边散开的作用受到约束，前轮只能边滚边向内侧滑移，从而推动滑板向内侧移动，如图 2-6-7 所示。

与前面的分析相似，若车轮驶过距离为 D，滑板总的滑移量是 L_2-L_1，注意其中 $L_2<L_1$，平均单边的滑移量仍是 $(L_2-L_1)/2$，则前轮外倾引起的侧滑量为 S_2，其中为 S_2 负值。

$$S_2 = \frac{L_2 - L_1}{2D}(\text{mm/m})$$

（3）总的侧滑量。

由前轮外倾和前束引起的侧滑作用相反，由于 S_1 为正而 S_2 为负，故总的侧滑量为二者的代数和。

$$S = S_1 + S_2 (\text{mm/m})$$

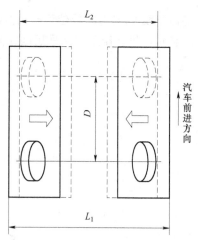

图 2-6-7　由车轮外倾引起的侧滑作用

 特别提示

侧滑量实用单位不是 mm/m 而是 m/km。两个单位不同，但在数值上是一样的。例如若侧滑量是 3.5mm/m，也等于 3.5m/km。

转向轮侧滑，实际上就是转向轮外倾角与转向轮前束综合作用的结果。

如前所述，若转向轮仅有前束而没有外倾角，则汽车直线行驶时，两车轮具有向内收缩靠拢的趋势，致使车轮滚动时对地面产生向外的推动力。这样就导致车辆在经过侧滑检测台的滑板时，检测台滑板将向车辆外侧滑移。相反，如果转向轮只有外倾角而没有前束，则汽车直线行驶经过侧滑检测台时，检测台的滑板将向车辆内侧滑移。

侧滑试验台就是利用上述滑板原理来检测车轮的侧滑量的。

2）双滑板式侧滑试验台的结构

（1）测量装置。

测量装置由框架、左右两块滑动板、曲柄机构、回位装置、滚轮装置、导向装置、锁止装置、位移传感器及信号传递装置等组成。该装置能把车轮侧滑量测出并传递给指示装置。滑动板的长度一般有 500 mm、800 mm 和 1 000 mm 三种。滑动板的上表面制有"T"形纹或"十"字形纹，以增加与轮胎之间的附着力。滑动板的下部装有滚轮装置和导向装置，两滑动板之间连接有曲柄机构、回位装置和锁止装置。在侧向力作用下，两滑动板只能在左右方向上做等量位移，并且要向内均向内，要向外均向外，在前后方向上不能滑动。

按滑动板位移量传递给指示装置方式的不同，测量装置可分为机械式和电气式两种形式。机械式的现在已逐渐淘汰。电气式测量装置是把滑动板的位移量通过位移传感器变成电信号，再经过放大与处理而传输给指示装置的一种结构形式。位移传感器有自整角电机式、电位计式和差分变压器式等多种形式。

以自整角电机作为位移传感器的测量装置如图 2-6-8 所示。测量装置上的自整角电机 7 通过齿轮齿条机构、杠杆和连杆等与滑动板连接在一起。指示装置中也装备有同一规格的自整角电机 9。当滑动板位移时，自整角电机 7 回转一定角度并产生电信号传输给自整角电机 9，自整角电机 9 接到电信号后回转同一角度并通过指针指示出滑动板位移量的大小和方向。

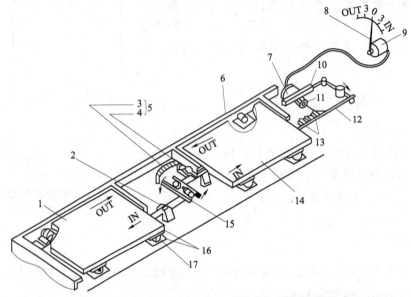

图 2-6-8 侧滑试验台电气（自整角）式测量装置

1—左滑动板；2—导向滚轮；3—回位弹簧；4—摆臂；5—回位装置；6—框架；7—产生电信号的自整角电机；8—指针；9—接收电信号的自整角电机；10—齿条；11—齿轮；12—连杆；13—限位开关；14—右滑动板；15—双销叉式曲柄；16—轨道；17—滚轮

以电位计作为位移传感器的测量装置如图 2-6-9 所示。可以看出，滑动板位移能令电位计触点在电阻线圈上移动，致使电路阻值发生变化，进而使电路电压发生变化。把这一变化传输给指示装置（电压表），就可将滑动板位移量的大小和方向指示出来。

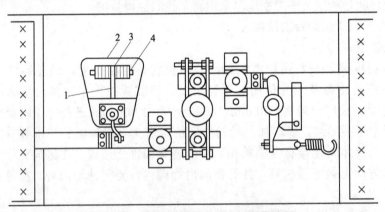

图 2-6-9 侧滑试验台电位计式测量装置

1—滑动片；2—电位计；3—触点；4—线圈

以差分变压器为位移传感器的测量装置如图 2-6-10 所示。当滑动板位移时，触头带动差分变压器线圈内的铁芯移动，使电路电压发生变化。将这一变化传输给指示装置（电压表），就可将滑动板位移量的大小和方向指示出来。

（2）指示装置。

指示装置也分为机械式和电气式两种形式，有的用指针式指示，有的用数码式指示。电气式指示装置（指针式）如图2-6-11所示。指示装置能把测量装置传递来的滑动板侧滑量，按汽车每行驶1 km侧滑1 m定为一格刻度。车轮正前束（IN）和车轮负前束（OUT）都分别刻有10格的刻度。因此，当滑动板长度为1 000 mm、侧滑1 mm时，指示装置指示1格刻度，代表汽车每行驶1 km侧滑1 m。同样，当滑动板长度为800 mm、侧滑0.8 mm和当滑动板长度为500 mm、侧滑0.5 mm时，指示装置也都能指示一格刻度。这样，检测人员从指示装置上就可获得车轮侧滑量的具体数值，并根据指针偏向IN或OUT的方向确定侧滑方向。

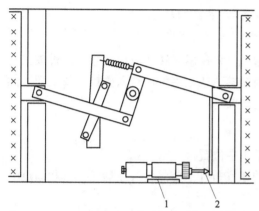

图 2-6-10　侧滑试验台差分变压器式测量装置
1—差分变压器；2—触头

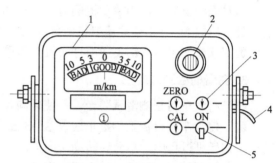

图 2-6-11　侧滑试验台指针式指示装置
1—指针式表头；2—报警用蜂鸣器或信号灯；
3—电源指示灯；4—导线；5—电源开关

指示装置的刻度盘上除用数字与符号标明侧滑量和侧滑方向外，有的还用颜色和文字划为3个区域，即侧滑量在0～3 mm范围内为绿色，表示为良好（GOOD）区域；侧滑量在3～5 mm范围内为黄色，表示为可用区域；侧滑量在5 mm以上为红色，表示为不良（BAD）区域。

（3）报警装置。

在检测车轮侧滑量时，为便于快速表示检测结果是否合格，当车轮侧滑量超过规定值（5格刻度）后，侧滑试验台的报警装置能根据测量装置的限位开关发出的信号，用蜂鸣器或信号灯报警，因而无须再读取指示仪表上的具体数值，为检测工作节约了时间。

现在国内各厂家生产的侧滑试验台的电气式指示装置，多以单片微机进行数据采集和处理，因此具有操作方便、运行可靠和抗干扰性强等优点，同时还能对检测结果进行分析、判断、存储、打印和数字显示等。国产CH-10A型侧滑试验台电气部分的原理框图如图2-6-12所示，指示装置面板图如图2-6-13所示。

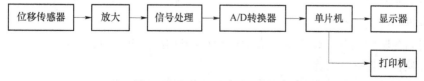

图 2-6-12　侧滑试验台电气部分原理框图

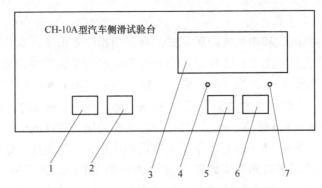

图 2-6-13　侧滑试验台数字式指示装置面板
1—电源接通键；2—电源断开键；3—数码显示器；4—电源指示灯；5—打印键；6—复位键；7—报警灯

该种侧滑试验台，当滑动板侧滑时，滑动量通过位移传感器转变成电信号，经过放大与信号处理后成为 0～5 V 的模拟量，再经 A/D 转换器转变成数字量，输入微机运算处理，然后由数码管显示出检测结果或由打印机打印出检测结果。

3. 侧滑的检测方法

（1）将汽车对正侧滑试验台，并使转向盘处于正中位置。

（2）使汽车沿台板上的指示线以 3～5 km/h 的速度前行，使前轮（或后轮）平稳通过滑动板。在行进过程中，不允许转动转向盘。

（3）当前轮（或后轮）完全通过滑动板后，从指示装置上观察侧滑方向并读取、打印最大侧滑量。

（4）检测结束后，切断电源并锁止滑动板。

4. 侧滑诊断参数标准。

按 GB 7258—2004《机动车运行安全技术条件》的规定，对前轴采用非独立悬架的汽车，其转向轮的横向侧滑量，用侧滑试验台检验时值应在±5 m/km 之间。

2.6.6　项目实施

2.6.6.1　检测轿车制动性能

1. 项目实施目标

能正确检测轿车的制动性能；能根据检测结果判别车辆制动性能并进行故障诊断；同时进一步熟悉制动系统的功用和基本工作原理。

2. 项目实施准备

（1）轿车（或其他车型）一辆。

（2）制动检验台滚筒（或平板）表面应清洁，没有异物或油污。

（3）检验辅助器具应齐全。

（4）液压制动的车辆，根据需要将踏板力计装在制动踏板上。

（5）学生必须着工装、穿工鞋。

3. 项目实施步骤

1）滚筒反力式制动检验台检验

检验步骤如下：

（1）被检车辆正直居中行驶，各轴依次停放在轴（轮）重仪上，并按规定时间（不少于3 s）停放，测出静态轮荷（轮重、制动分列式）。

（2）被检车辆正直居中行驶，将被测试车轮放在制动台滚筒上，变速器置于空挡，松开制动踏板；对于全时四轮驱动车辆，非测试轮应处于附着系数符合要求的辅助自由滚筒组上，变速器置于空挡。

（3）起动滚筒电动机，稳定 3 s 后实施制动，将制动踏板逐渐慢踩到底至规定制动踏板力，测得左、右车轮制动力增长全过程的数值及左、右车轮最大制动力，并依次测试各车轴；对驻车制动轴，操纵驻车制动操纵装置，测得驻车制动力数值。

（4）可采取相关措施防止被检车辆在滚筒反力式制动检验台上后移，以适应制动检测需要。

特别提示

车辆开始检测时，检测线周围禁止无关人员站立；在对车辆前轮制动力进行检测时，应拉紧驻车制动。

2）平板制动检验台检验

检验步骤如下：

（1）检验员将被检车辆以 5～10 km/h 的速度滑行，置变速器于空挡后（对自动变速器车辆可位于"D 挡"），正直平稳驶上平板。

（2）当被测试车轮均驶上平板时，急踩制动，使车辆停止，测得各车轮的轮荷（对小型、微型载客汽车应为动态轮荷）、最大轮制动力、轮制动力增长全过程的数值等。

（3）重新起动车辆，待车辆驻车制动轴驶上平板时操纵驻车制动操纵装置，测得驻车制动力数值。

（4）车辆制动停止时如被测车轮已离开平板，则此次制动测试无效，应重新测试。

特别提示

无论哪种制动试验台，在检测汽车制动性能的过程中，都必须先测得相对应的轴荷，用以评价和判断制动性能是否符合国家标准。

4. 项目实施参数计算

（1）用滚筒反力式制动检验台检验时制动性能参数的计算方法如下：

① 轴制动率为测得的该轴左、右车轮最大制动力之和与该轴（静态）轴荷的百分比。

② 以同轴左、右车轮均达到最大制动力（或两个车轮一个达到最大制动力，另一个产生抱死滑移；或两个车轮均产生抱死滑移）时为取值终点，取制动力增长过程中测得的

同时刻左、右轮制动力差最大值为左、右车轮制动力差的最大值,用该值除以左、右车轮最大制动力中的大值(当后轴及其他轴,制动力小于该轴轴荷 60%时为该轴轴荷),得到不平衡率。

③ 整车制动率为测得的各轮最大制动力之和与该车各轴(静态)轴荷之和的百分比。

④ 驻车制动率为测得的各驻车轴制动力之和与该车所有车轴(静态)轴荷之和的百分比。

(2)用平板制动检验台检验时制动性能参数的计算方法如下:

① 轴制动率为测得的该轴左、右车轮最大制动力之和与该轴轴荷的百分比,对小(微)型载客汽车轴荷取左、右车轮制动力最大时刻所分别对应的左、右轮荷之和,对其他机动车轴荷取该轴静态轴荷。

② 不平衡率、整车制动率、驻车制动率等指标的计算同(1)。

2.6.6.2 检测车轮侧滑量

1. 项目实施目标

能正确检测轿车的制动性能,能根据检测结果判别车辆制动性能并进行故障诊断,同时进一步熟悉制动系统的功用和基本工作原理。

2. 项目实施准备

(1)轮胎气压应符合汽车制造厂的规定。

(2)轮胎上沾有油污、泥土、水或花纹沟槽内嵌有石子时,应清理干净。

(3)检查侧滑试验台导线连接情况,在导线连接良好的情况下打开电源开关,查看指针式仪表的指针是否在机械零点上,并视必要进行调整;或查看数码管是否亮度正常并都在零位。

(4)检查报警装置在规定值时能否发出报警信号,并视需要进行调整或修理。

(5)检查侧滑试验台表面及其周围的清洁情况,如有油污、泥土、砂石及水等应予以清除。

(6)打开侧滑试验台的锁止装置,检查滑动板能否在外力作用下左右滑动自如,外力消失后回到原始位置,且指示装置指在零点。

(7)学生必须着工装、穿工鞋。

3. 检测注意事项

(1)不能让超过试验台允许轴荷的车辆通过侧滑试验台。

(2)不能使车辆在侧滑试验台上转向或制动。

(3)保持侧滑试验台内、外及周围环境清洁。

(4)其他注意事项见侧滑试验台使用说明书。

4. 项目实施步骤

(1)将车辆正直居中驶近侧滑检验台,并使转向轮处于正中位置。

(2)在驱动状态以不大于 5 km/h 的速度平稳、直线驶过侧滑试验台,读取最大示值。

2.6.6 知识能力拓展

——汽车液压制动性能常见故障诊断

1. 制动失效

1）故障现象

汽车行驶时，踩下制动踏板，汽车无制动迹象，不能迅速减速和停车。

2）故障原因

（1）制动主缸内无制动油液或制动油液严重不足。

（2）制动主缸皮碗踩翻或损坏。

（3）制动管路破裂或接头处严重泄漏。

（4）制动踏板至主缸的连接部位脱落；制动摩擦片表面有油污。

3）故障诊断与排除

（1）踩下制动踏板，如无连接感，则应为制动踏板至主缸之间的连接脱开。在车下检视，即可发现脱开部位。

（2）连续踩几下制动踏板，踏板不升高，同时又感到无阻力，应先检查制动主缸是否缺油，再检查前、后制动管路有无漏油和损坏部位，通常根据油迹可诊断故障所在。

（3）踩下制动踏板，稍有阻力感，则多为主缸无油或缺油所致。

（4）踩下制动踏板，有阻力感，但踏板位置保持不住，有明显的下沉现象，则多为主缸皮碗破裂所致。

（5）如上述情况良好，则故障可能是主缸皮碗踩翻或损坏，可分解制动主缸确诊。当制动主缸密封件失效时，应更换密封件。

（6）如上述情况良好，则故障可能是制动摩擦片表面有油污，可分解制动器确诊。

2. 制动不灵

1）故障现象

汽车行驶时，将制动踏板踩到底，汽车不能立即减速和停车，制动距离过长。

2）故障原因

（1）制动踏板自由行程过大。

（2）制动管路和轮缸内有空气。

（3）制动管路或管路接头漏油。

（4）制动主缸、轮缸的皮碗、活塞、缸壁磨损过甚；制动主缸、轮缸的皮碗老化、发黏、发胀，使制动时阻滞力大。

（5）制动主缸阀门损坏或补偿孔、通气孔堵塞；制动摩擦片与制动鼓（盘）的间隙过大或接触不良。

（6）制动摩擦片硬化、铆钉外露或有油污；制动鼓（盘）磨损过甚或制动时变形严重。

（7）增压器、助力器效能不佳或失效。

（8）制动液量不足或制动管路不畅通。

3）故障诊断与排除

（1）检查储油罐的油液是否太少或无油，若油液过少，说明制动系统内可能有漏油故障，可加满制动液后再诊断。

（2）连续踩几下制动踏板，踏板逐渐升高，但升高后不抬脚继续踩，感到有弹力，说明制动液压系统内有空气。

（3）踩一脚制动不灵，连踩几脚制动踏板，踏板位置逐渐升高并且效果良好，说明踏板自由行程过大或制动摩擦片与制动鼓（盘）间隙过大。

（4）连踩几下制动踏板，踏板位置能逐渐升高，但升高后不抬脚继续踩，踏板则下沉至很低位置，说明制动系统中有漏油之处，可能是制动主缸、轮缸、管路、管路接头漏油，或制动主缸、轮缸磨损严重，皮碗破裂损坏或主缸出油阀关闭不严。

（5）当踩下制动踏板时，踏板位置很低，再踩几下踏板，位置还不能升高，一般为主缸通气孔或补偿孔堵塞。

（6）当踩下制动踏板时，踏板高度合乎要求，也深感有力且不下沉，但制动效果不好，则为车轮制动器故障，多为摩擦片硬化、铆钉头露出、摩擦片油污、制动鼓（盘）磨损及变形引起；若踏板高度合适，但踩踏板时感到很硬，则故障可能是制动液太稠、管路内壁积垢太厚、油管凹瘪、软管内孔不畅通或增压器、助力器效能不佳。

3. 制动跑偏

1）故障现象

汽车在平路上制动时，在转向盘居中的情况下，自动向左或向右偏驶，紧急制动时尤为严重。

2）故障原因

（1）左、右轮制动摩擦片与制动鼓（盘）间隙不同，接触面积相差过大。

（2）左、右轮制动摩擦片材质各异、新旧程度不同或安装修复质量不一样。

（3）左、右轮制动蹄回位弹簧拉力相差过大。

（4）左、右轮气压不一致、直径有差异、轮胎新旧不一及磨损程度不同。

（5）个别轮缸活塞运动不灵活、皮碗发胀、油管堵塞或有空气。

（6）个别车轮摩擦片油污、硬化或铆钉外露。

（7）个别制动鼓失圆或制动盘产生严重翘曲变形。

（8）车身变形以及前、后车轴不平行或两边钢板弹簧刚度不等。

3）故障诊断与排除

（1）进行路试。先进行减速制动，若汽车向左跑偏，则说明右边车轮制动迟缓或制动力不足；若汽车向右跑偏，则说明左边车轮有故障。再进行紧急制动，并观察车轮抱死后在地面上的印迹。若同一轴两边车轮印迹不能同时发生，其中印迹短的车轮为制动迟缓，印迹轻的为制动力不足。

（2）找出制动迟缓或制动力不足的车轮后，应仔细检查该轮制动管路有无碰瘪、漏油的现象，检查该轮的轮胎气压是否正常、轮胎磨损是否严重。

（3）若上述目检正常，则可对该轮轮缸进行放气。放气时若发现有空气或放完后制动跑偏现象消除，则说明故障为该轮轮缸内或管路内有气阻。

（4）若无气阻现象，则检查并调整该轮制动摩擦片与制动鼓（盘）之间的间隙。调整后若制动跑偏现象消除，则说明故障为该轮的制动器间隙调整不当。

（5）若上述制动器间隙符合要求，则应分解制动器和轮缸进行深入检查。检查制动器的技术状况，如制动盘或制动鼓是否变形严重，摩擦片是否有硬化现象或有油污等；检查轮缸活塞和皮碗的形态是否正常、油管是否畅通等，以确诊故障部位。

（6）若上述均正常，而故障现象依然存在，则说明制动跑偏的故障不在制动系统本身，可能是由车身变形或其他系统（悬架系统、转向机构、行驶系统）的工作条件恶化所致。

本任务小结

1. 汽车制动性能是汽车在行驶时能在短距离停车且维持行驶方向稳定性，并且在下长坡时能维持一定车速的能力。

2. 汽车制动系统应具有行车制动、应急制动和驻车制动三大基本功能。

3. 汽车制动性能的评价指标有：制动效能；制动效能恒定性（抗衰退性能）；制动时方向稳定性。

4. 制动性能检测方法有：台试试验和路试试验。

5. 反力式滚筒制动试验台由滚筒装置、驱动装置、举升装置、测量装置、指示和控制装置组成。平板式制动试验台主要由测试平板、控制和显示装置以及辅助装置等组成。各具优缺点。

6. 常用汽车制动力作为台式检测制动性的指标，制动距离作为路试检测制动性能的指标。制动协调时间不能单独作为制动性能的检测指标，而只能作为制动性能的辅助检测指标。在我国安全法规中，路试时制动稳定性的检测指标是试车道的宽度；台试时制动稳定性的检测指标是同轴左、右车轮的制动力差值。

7. 汽车液压制动系统的常见故障有：制动失效、制动不灵、制动跑偏和制动拖滞等。

练习与思考

一、选择题

1. 反力式滚筒制动试验台的主要检测参数是（　　）。
   A. 制动距离　　　B. 制动时间　　　C. 制动力　　　D. 制动减速度

2. 制动试验台的第三滚筒主要用于检测（　　）。
   A. 制动力　　　B. 车速　　　C. 轴重　　　D. 车轮转速

3. 汽车制动协调时间，对液压制动的汽车不应大于（　　）s。
   A. 0.30　　　B. 0.35　　　C. 0.60　　　D. 0..80

4. 检测汽车侧滑量时，汽车应（　　）。
   A. 高速驶过侧滑试验台　　　B. 低速驶过侧滑试验台
   C. 停在试验台滑板上　　　D. 驶过平板式制动试验台

二、判断题

1. 制动力检测时，必须同时测量轴荷。（　　）
2. 机动车必须设置行车制动、应急制动和驻车制动装置。（　　）
3. 机动车在运行过程中，不应有自行制动现象。（　　）
4. 汽车滑行距离越长，说明其底盘的技术状况越差。（　　）

三、简答题
1. 汽车制动系统应具有哪些基本功能？
2. 汽车制动性能的评价指标有哪些？
3. 简述反力式滚筒制动试验台的工作原理。

项目三

汽车环保性能检测

任务1 检测汽车尾气排放污染物的含量

1. 了解汽车尾气产生的原因及含量。
2. 掌握汽车最新的排放法规。
3. 了解汽车尾气检测的常用仪器和设备。
4. 掌握目前汽车检测站常用的检测方法。

能力目标	知识要点	权重
能正确查找最新的汽车尾气国家标准	汽车的排放法规	10%
熟悉常用汽车尾气检测设备的工作原理	尾气检测设备的结构及工作原理	30%
掌握目前检测站尾气检测的方法	汽油车尾气检测方法：双怠速法、简易工况法；柴油车尾气检测方法：自由加速法、加载减速法	60%

一辆2011年宝马740轿车，行驶超过6年，对其尾气进行检测，并分析尾气含量是否合格。

3.1 相关知识

3.1.1 汽车尾气排放污染物的组成及危害

随着汽车的增加（年递增率10%以上），所造成的环境污染的情况日趋严重，对汽车排气污染物的监控与防治已处于刻不容缓的地步。它对于保护生态环境和自然态平衡极为重要。汽车尾气是一种流动的大气污染源，它排放的污染物主要有：一氧化碳（CO）、碳氢化合物（HC）、氮氧化合物（NO_x）、微粒物和硫化物等，这些污染物由汽车的排气管、曲轴箱和燃油系统排出，分别称为排气污染物（尾气）、曲轴箱污染物和燃油蒸发污染物。此外还含氯氟烃（CFCs）和二氧化碳（CO_2）等各种有害成分，直接或间接危害人类健康。

1. 一氧化碳

一氧化碳是汽油燃烧的中间产物，其燃烧过程如下：$C_mH_n+\frac{m}{2}O_2 \rightarrow mCO+\frac{n}{2}H_2$，而当空气量足时，则有：$2CO+O_2\rightarrow 2CO_2$，$2H_2+O_2\rightarrow 2H_2O$。根据反应式可知，若空气量充足，理论上分析，燃烧后不会存在 CO，但当空气量不足时，即混合空燃比小于 14.7:1 时，必然会有部分燃料不能完全燃烧而生成 CO。一般在发动机怠速或发动机在加速负荷范围工作或点火过分推迟时，均会使尾气中 CO 浓度增高。CO 为无色、无嗅的有毒气体，化学性质较稳定，它在大气中存留时间为 1 年，氢氧自由基能被氧化为 CO_2 而被清除，大量的 CO 是通过土壤中微生物的代谢作用使其转化为 CO_2 或甲烷。自然界大气中 CO 的本底值为 0.14×10^{-6}，工业发达地区和城市中心可达 $50\times10^{-6}\sim10\times10^{-6}$，而大城市中的 CO 绝大多数来自汽车尾气。

CO 的毒性表现在它能与人体的血红蛋白（O_2Hb）结合成难离解的羟基血红蛋白（COHb），妨碍了血红蛋白与氧的结合，降低了血红蛋白输送氧的能力，造成机体组织缺氧，严重时可造成人体内缺氧而窒息死亡。CO 与血液中血红蛋白的结合能力是 O_2 与血红蛋白结合能力的约 210 倍，长期生活在高浓度的 CO 环境中会使人心脏功能下降、动脉硬化，引起心血管疾病；神经系统功能减弱、健忘，注意力不集中，精神异常，甚至影响胎儿的智力发育等。

2. 碳氢化合物

碳氢化合物总称为烃类，是发动机未燃尽的燃料分解产生的气体，当排出 HC 的总量达到 $500\times10^{-6}\sim600\times10^{-6}$ 时，会影响人体健康，因为它与 NO_2 混合物在强烈日照下可在大气中产生臭氧等过氧化物，对人的眼、鼻和咽喉黏膜有较强的刺激作用，可引起结膜炎、鼻炎、支气管炎等症状。有些烃类伴有难闻的臭味，严重时可致癌。

3. 氮氧化物

氮氧化物主要是指一氧化氮和二氧化氮，它由排气管排出，汽油机排出的 NO_x 占 99%，而柴油机排出的 NO_x 中 NO_2 比例稍大。NO 对人的危害主要表现在对呼吸系统和神经系统的影响，NO 中毒对中枢神经毒害较大，它也能与血液中的血红蛋白相结合，在高浓度条件下引起与 CO 同样的缺氧症。同时 NO 还能对大气平流层中的臭氧层产生破坏作用，使臭氧层对地球的保护伞作用受到威胁。NO_2 是有刺激性气味的红褐色气体，易溶于水形成硝酸

（HNO_3）和亚硝酸（HNO_2），即 $2NO_2+H_2O \rightarrow HNO_3+HNO_2$。$NO_2$ 不仅能对环境造成酸性污染，而且在低层的大气中易发生光化学反应，因为它可吸收太阳辐射中的可见光和紫外光，生成 NO 和活性较高的原子氧，即 $NO_2 \xrightarrow{hv} NO+O$，$O_2+O \rightarrow O_3$，这样促使空气中 O_3 分子积累，可引起光化学烟雾。NO_2 毒性比 NO 要高 4～5 倍，NO_2 对人的呼吸器官有强烈的刺激作用，经呼吸进入人体的 NO_2 缓慢地溶于肺泡表面的水分子中，形成亚硝酸和硝酸，它们对肺部组织有强烈的腐蚀作用，是引起肺气肿和肺癌的原因之一。

4. 硫氧化物

汽车内燃机尾气中硫氧化物的主要成分为 SO_2，它是造成酸雨的主要物质，被称为"空中死神"。它已成为当前世界性环境污染的主要问题之一，SO_2 可氧化生成硫酸雾和硫酸盐而成为大气的一次污染物，并继续与环境中的其他污染物相互作用造成严重污染事件。如英国伦敦烟雾事件、美国多诺拉烟雾事件、我国西南地区的酸雨等都是 SO_2 造成的恶果。SO_2 对人体的危害主要是刺激人的呼吸道和眼睛，当空气中 SO_2 的浓度达 $1\times10^{-6} \sim 5\times10^{-6}$ 时，可引起与加重呼吸系统和心血管疾病，严重时甚至会危及生命。

5. 二氧化碳

二氧化碳为无色无毒的气体，不助燃，无嗅味，对人体无害，但当其含量超过 8%时会使人窒息。现在每年排入大气中的二氧化碳总量约为 200 亿 t，其中 30 %来自汽车尾气，其余大部分来自矿物燃料的燃烧。CO_2 可在空气中停留 10 年左右，它可以通过海水的吸收和植物的光合作用而被消耗。近几十年来，由于工业发展，矿物燃料用量增加，而能大量吸收 CO_2 的森林遭到破坏，导致大气中 CO_2 的浓度大幅度增加。据资料统计，1896 年 CO_2 浓度为 296×10^{-6}，1960 年为 220×10^{-6}，而 2000 年增至 370×10^{-6}。由于 CO_2 对红外热辐射的吸收而形成温室效应，会使全球气温上升，南北极冰层溶化，海平面上升，大陆腹地沙漠趋势加剧，使人类和动植物赖以生存的生态环境遭到破坏，因此近年来对 CO_2 的控制也已上升为汽车排放研究的重要课题。

6. 悬浮微粒

汽油机中主要微粒物为铅化物、硫酸盐、低分子物质；柴油机的微粒量比汽油机多 30～60 倍，成分也比较复杂，特别是碳烟，主要是由直径为 0.1～10μm 的多孔碳粒构成。它除了会被人体吸入肺部沉淀下来以外，还会黏附 SO_2 和致癌物质而严重危害人的健康。在汽油中通常加入四乙基铅为抗爆剂，其含量为 70%～80%。四乙基铅氧化分解成气态铅排入大气，其中 40%铅尘颗粒较大，可逐步沉降，其余 60%含铅飘尘颗粒能在大气中长期飘浮，对人体健康产生影响。铅是生物体酶的抑制剂，在体内蓄积会引起铅中毒，它主要从消化道和呼吸道进入人体，蓄积于肝、胃、脾、脑中，对血液、神经和消化系统毒害较大。

目前，汽车尾气控制和治理已成为世界重要课题，发达国家由于汽车总体技术较为先进，汽车尾气控制技术也较为先进，已经取得重要进展，现在正在向超低污染排放和零污染排放迈进，而我国在这方面起步较晚，许多控制技术处于探索和试用阶段，但我们正努力与国际接轨。

环保性能检测是指：在车辆不解体情况下，对涉及车辆有关环境保护方面的项目进行检查和测试的技术。它主要包括汽油车和柴油车排气污染物的检测及车辆噪声和喇叭声级测试等。

3.1.2 汽油车的排放法规

随着人们对环境保护意识的加强和科学技术水平的提高，国家对汽车排气污染物控制的要求越来越高，发布了标准 GB 18352.3—2005《轻型汽车污染物排放限值及测量方法（中国Ⅲ、Ⅳ阶段）》和 GB 18352.5—2013《轻型汽车污染物排放限值及测量方法（中国第五阶段）》，对汽车出厂的污染物排放进行了严格的限制。GB 18352.5—2013 于 2018 年 1 月 1 日起正式实施。本标准自发布之日起生效，即自发布之日起，可依据本标准进行新车型核准。自 2018 年 1 月 1 日起，所有销售和注册登记的轻型汽车应符合本标准要求。

1. 国Ⅲ、国Ⅳ标准简介

GB 18352.3—2005 规定了装用点燃式发动机的轻型汽车，在常温和低温下排气污染物、曲轴箱污染物、蒸发污染物的排放限值及测量方法，污染控制装置的耐久性要求，以及车载诊断（OBD）系统的技术要求和测量方法。

GB 18352.3—2005 规定了装用压燃式发动机的轻型汽车，在常温下排气污染物的排放限值及测量方法，污染控制装置的耐久性要求，以及车载诊断（OBD）系统的技术要求、测量方法和其他的技术规定。

GB 18352.3—2005 规定了试验的类型，共分为五类试验，分别测试与排放污染物有关的部件工作的效果。

Ⅰ型试验：指常温下冷起动后排气污染物排放试验。

Ⅲ型试验：指曲轴箱污染物排放试验。

Ⅳ型试验：指蒸发污染物排放试验。

Ⅴ型试验：指污染控制装置耐久性试验。

Ⅵ型试验：指低温下冷起动后排气中 CO 和 HC 排放试验。

其中Ⅰ型试验是所有汽车都必须进行的试验，其他类型的试验是对部件和低温下的污染物排放进行测试。

对于Ⅰ型试验，试验时汽车放置在带有负荷和惯量模拟的底盘测功机上，按规定进行运转循环、排气取样和分析、颗粒物取样及用称量方法进行试验。试验共持续 $19\frac{2}{3}$ min，由两部分（试验 1 部和试验 2 部）组成，应不间断地完成。经制造厂同意，可以在试验 1 部结束和试验 2 部开始之间加入不超过 20 s 的不取样时段，以便调整试验设备。

试验 1 部由 4 个城区循环组成，每个城区循环包含 15 个工况（怠速、加速、匀速、减速等）。试验 2 部由 1 个城郊循环组成，该城郊循环包含 13 个工况（怠速、加速、匀速、减速等）。

试验期间，排气被稀释，并按比例将样气收集到一个或多个袋中，在运转循环结束后进行分析，并测量稀释排气的总容积。试验不仅记录 CO、HC 和 NO_x，也记录安装压燃式发动机汽车排放的 PM。

试验应重复三次。每一项试验结果应乘以相应的劣化系数，见表 3-1-1。每次试验求得的排气污染物排放量必须小于表 3-1-2 中的限值。

表 3-1-1　劣化系数

发动机类别	劣化系数				
	一氧化碳（CO）	碳氢化合物（HC）	氮氧化合物（NO_x）	碳氢化合物和氮化合物（HC+NO_x）	颗粒物（PM）
点燃式发动机	1.0	1.2	1.2	—	—
压燃式发动机	1.1	—	1.0	1.0	1.2

表 3-1-2　Ⅲ、Ⅳ阶段Ⅰ型试验排放限值

阶段	类别	级别	基准质量（RM）/kg	限值/(g·km^{-1})								
				一氧化碳（CO）		碳氢化合物（HC）		氮氧化合物（NO_x）		碳氢化合物和氮氧化合物（HC+NO_x）		颗粒物（PM）
				L_1		L_2		L_3		L_2+L_3		L_4
				点燃式	压燃式	点燃式	压燃式	点燃式	压燃式	点燃式	压燃式	压燃式
Ⅲ	第一类车	—	全部	2.30	0.64	0.20	—	0.15	0.50	—	0.56	0.050
	第二类车	Ⅰ	RM≤1 305	2.30	0.64	0.20	—	0.15	0.50	—	0.56	0.050
		Ⅱ	1 305＜RM≤1 760	4.17	0.80	0.25	—	0.18	0.65	—	0.72	0.070
		Ⅲ	RM＞1 760	5.22	0.95	0.29	—	0.21	0.78	—	0.86	0.100
Ⅳ	第一类车	—	全部	1.00	0.50	0.10	—	0.08	0.25	—	0.30	0.025
	第二类车	Ⅰ	RM≤1 305	1.00	0.50	0.10	—	0.08	0.25	—	0.30	0.025
		Ⅱ	1 305＜RM≤1 760	1.81	0.63	0.13	—	0.10	0.33	—	0.39	0.040
		Ⅲ	RM＞1 760	2.27	0.74	0.16	—	0.11	0.39	—	0.46	0.060

2. 国Ⅴ标准简介

与 GB 18352.3—2005 相比，GB 18352.5—2013 对于Ⅰ型试验，提高了排放控制要求，对点燃式汽车总碳氢化合物（THC）和非甲烷总烃（NMHC）分别提出了限值，修订了颗粒物质量测量方法，并增加了粒子数量（PN）测量要求等，其Ⅰ型试验排放限值如表 3-1-3 所示。

表 3-1-3　第五阶段 I 型试验排放限值

类别	级别	基准质量(RM)/kg	CO L_1/(g·km^{-1})		THC L_2/(g·km^{-1})		NMHC L_3/(g·km^{-1})		NO_x L_4/(g·km^{-1})		THC+NO_x L_2+L_4/(g·km^{-1})		PM L_5/(g·km^{-1})		PN L_6/(个·km^{-1})	
			PI	CI	PI	CI	PI	CI	PI	CI	PI	CI	PI	CI	PI	CI
第一类车	—	全部	1.00	0.50	0.100	—	0.068	—	0.060	0.180	—	0.230	0.0045	0.0045	—	6.0×10^{11}
第二类车	I	RM≤1 305	1.00	0.50	0.100	—	0.068	—	0.060	0.180	—	0.230	0.0045	0.0045	—	6.0×10^{11}
	II	1 305<RM≤1 760	1.81	0.63	0.130	—	0.090	—	0.075	0.235	—	0.295	0.0045	0.0045	—	6.0×10^{11}
	III	1 760<RM	2.27	0.74	0.160	—	0.108	—	0.082	0.280	—	0.350	0.0045	0.0045	—	6.0×10^{11}

3.1.3　汽油车排气污染物的检测

1. 废气主要污染物产生的原因

汽油车排气中有害污染物的主要成分是 CO、HC、NO_x 等，各种污染物产生的多少，与汽车发动机的种类、使用的燃料和运行工况有很大关系，其中与空燃比和点火提前角的关系最大。

1）与空燃比的关系

由于 CO、HC 和 NO_x 的生成与空燃比、发动机内温度和发动机负荷等有直接关系，所以发动机在不同工况下 CO、HC 和 NO_x 的排放量也不相同。

CO、HC 和 NO_x 的生成与空燃比的关系如图 3-1-1 所示。

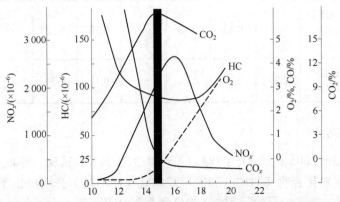

图 3-1-1　废气的生成与空燃比的关系

CO 是在燃料缺氧的条件下燃烧生成的。所以空燃比越小、氧气越少时，CO 生成得越多，排气中 CO 的含量也越高。

HC 是废气中多种碳氢化合物的总称，是部分燃料未完全参加燃烧的剩余物。在理想空燃比情况下，燃料燃烧最充分，所生成的 HC 最少。

当空燃比较大时，混合气被稀释，火焰传播速度减慢，甚至会断火，此时燃料不能被完全燃烧，故 HC 含量增大。而当空燃比过小时，由于氧气不足，燃料也不能充分燃烧，故此时 HC 也会增多。此外，供给系统中燃油的蒸发和滴漏，也会导致挥发的 HC 气体直接进入大气。

对 NO_x 而言，情况则很不相同。NO_x 是高温情况下空气中的 N_2 参加反应后的产物，所以在理想空燃比条件下，燃料燃烧最完全、温度最高时，生成的 NO_x 最多。反之，在燃气过浓或过稀时，燃烧温度都偏低，生成的 NO_x 也比较少。

发动机在冷态、怠速或低速、小负荷工况下时，需供给较浓混合气。此时空气不足、燃烧温度低，故 CO、HC 均较多，而 NO_x 较少。发动机在高速、高温、大负荷工况下运行时，空燃比接近理想状态，此时 CO、HC 均较少而 NO_x 较多。

汽车的尾气排放情况与车辆使用年限有关。一般来说，车辆排放随着使用年限或行驶里程的增长而逐渐恶化。恶化速度与汽车的质量状况和是否经常维护有关。因此，加强汽车的维护和定期检查是改善汽车排放的重要措施。

2）与点火提前角的关系

点火提前角对 CO 的排放影响不大，但过分推迟点火，会使 CO 没有充分的时间完全氧化，而引起 CO 排放的增加。

推迟点火则 HC 排放降低，这是因为排气温度增高会促使 CO 和 HC 的后氧化。另外，燃烧时降低了气缸的容积比，燃烧室内的淬冷面积减小，使排出的 HC 减少。但采用推迟点火来降低 HC 的排放，会使发动机的燃油经济性变差。

在任何转速与负荷下，加大点火提前角，均会使 NO_x 的排放增加。这是因为点火时间提前时，燃烧温度升高。

2. 汽油车排气污染物限值及测量方法规定

我国在用车的排气污染物检测方法大体可分为不加载试验（怠速法与双怠速法）、加载试验（稳态工况法、瞬态工况法、简易瞬态工况法）两大类。

以前检测汽油车排气污染物普遍采用的方法是怠速法，即在怠速工况下测试 CO、HC 含量。这种传统的怠速方法已趋于淘汰。

按 GB 18285—2005《点燃式发动机汽车排气污染物排放限值及测量方法（双怠速法及简易工况法）》的规定，目前全国点燃式发动机在用汽车应采用该标准规定的双怠速法检测排气污染物的排放。图 3-1-2 所示为 FLA-501 型五组分汽车排气分析仪。

在机动车保有量大、污染严重的地区，也可按规定采用加载工况试验方法。各省级环境保护行政主管部门可根据当地实际情况，确定在用汽车排放监控方案。

1）双怠速工况法

怠速工况是指，发动机无负载运转状态，即离合器处于接合位置、变速器处于空挡位置（对于自动变速器的车应处于"停车"或"P"位）。

高怠速工况是指，用节气门踏板将发动机转速稳定控制在 50%额定转速或制造厂技术文件中规定的高怠速转速时的工况。

GB 18285—2005 中将轻型汽车的高怠速转速规定为（2 500±100）r/min，重型车的高怠速转速规定为（1 800±100）r/min。

汽车处于怠速工况时，其燃烧条件比较恶劣。怠速燃烧质量的稳定是其他工况燃烧质量稳定的前提条件，通过测量怠速工况下排气中各种排放物的浓度，可以判断发动机燃烧质量的好坏。

现代汽车所装的三元催化器只有在高排气温度下才能正常工作。高怠速的排气温度较高，这样可有效测试催化器的转换效率。其测试程序及限值按 GB 18285—2005 的规定执行。

进行测试前，汽车发动机应达到规定的热车状态，然后发动机由怠速加速到 70%额定转速，维持 30 s，再降至高怠速；从高怠速降至低怠速，在低怠速状态维持 15 s 后，读取 30 s 内的平均值（见表 3-1-4）。若为多排气管，则分别取各排气管高怠速测量结果的算术平均值和怠速排放测量结果的平均值。

表 3-1-4　双怠速排放测量程序

70%额定转速		50%额定转速		怠速转速
30 s	15 s	30 s	15 s	30 s
稳定	稳定	读平均值	稳定	读平均值

国家标准规定的采用双怠速方法测量轻型汽车排气污染物的排放限值如表 3-1-5 所示。

表 3-1-5　采用双怠速方法测量轻型汽车排气污染物的排放限值

车型	怠速		高怠速	
	CO/%	HC/（×10⁻⁶）	CO/%	HC/（×10⁻⁶）
1995 年 7 月 1 日前生产的轻型汽车	4.5	1 200	3.0	900
1995 年 7 月 1 日起生产的轻型汽车	4.5	900	3.0	900
2000 年 7 月 1 日起生产的第一类轻型汽车	0.8	150	0.3	100
2001 年 10 月 1 日起生产的第二类轻型汽车	1.0	200	0.5	150
2005 年 7 月 1 日起新生产的第一类轻型汽车	0.5	100	0.3	100
2005 年 7 月 1 日起新生产的第二类轻型汽车	0.8	150	0.5	150

国家标准还规定，发动机在高怠速时过量空气系数 λ 应在 1.00±0.03 或制造厂规定的范围内。

双怠速法测量的排放值并不能真实反映汽车实际运行的排放特性，它只是无载荷测试到有载荷测试中间过渡的折中办法。主要采用的检测仪器是：五气体排气分析仪。

FLA–501 型五组分汽车排气分析仪的前视图和后视图如图 3-1-2 所示。

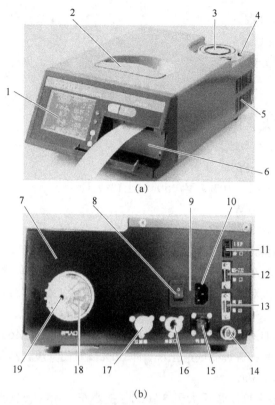

图 3-1-2 FLA-501 型五组分汽车排气分析仪
（a）前视图；（b）后视图

1—前面板；2—提手；3—粉尘过滤器；4—标准气入口；5—新鲜空气入口；6—内置打印机；7—水分离器座；8—电源开关；9—溶丝座；10—电源接口；11—ISP 接口；12—RS-232 接口；13—模拟输出；14—油温接口；15—转速接口；16—排放口；17—过滤器；18—水分离器；19—样气入口

主要技术参数为：

（1）测量原理：不分光红外吸收法（氧及氮氧化合物分析采用电化学原理）。

（2）测量气体：HC、CO、CO_2、O_2、NO。

（3）测量范围：

HC：$0 \sim 10\,000 \times 10^{-6}$（体积分数）；

CO：$0 \sim 15.00\%$（体积分数）；

CO_2：$0 \sim 20.00\%$（体积分数）；

O_2：$0 \sim 25.00\%$（体积分数）；

NO：$0 \sim 5\,000 \times 10^{-6}$（体积分数）；

λ：$0.5 \sim 3.0$；

油温：$0\,℃ \sim 150\,℃$；

转速：$250 \sim 9\,000$ r/min。

（4）预热时间：不大于 30 s。

（5）分辨率：

HC：1×10^{-6}（体积分数）；

CO：0.01%（体积分数）；

CO_2：0.01%（体积分数）；

O_2：0.02%（体积分数）；

NO：1×10^{-6}（体积分数）；

油温：0.1 ℃；

转速：1 r/min。

（6）响应时间：不大于 10 s。

（7）环境温度：0 ℃～40 ℃。

（8）相对湿度：20%～85%。

（9）电源电压：220（1±10%）V，50（1±1%）Hz。

（10）消耗功率：约 50 W。

（11）外形尺寸：270 mm×160 mm×410 mm（宽×高×深）。

2）稳态工况法（简易工况法）

稳态工况法是指，汽车预热到规定的热状态后，加速至规定车速，根据汽车规定车速时的加速负荷，通过测功机对汽车加载使汽车保持等速运转工况，测定汽车发动机排出的各种废气成分的浓度值。

这种测试方法又称加速模拟工况法（Acceleration Simulation Mode，ASM），加速模拟工况在两种稳态工况下检测：高负荷低速工况，即 50%节气门开度，25 km/h；中负荷中速工况，即 25%节气门开度，40 km/h。

ASM 法仅适用于最大总质量不大于 3 800 kg 的汽车。ASM 试验规定条件如下：

（1）对底盘测功机的要求，通常需模拟一定的车速，必须施加对应于该车速的负荷，所以要配置功率吸收装置。除通过底盘测功机对汽车施加与车速相对应的负荷外，还需添加额外负荷，用于模拟加速工况。因此，能进行 ASM 试验的底盘测功机还必须按规定配备惯性飞轮（或电模拟惯量）。

（2）对排气分析仪的要求，仪器要求能测量 CO、HC、NO_x 等污染物。其中，CO、HC 和 CO_2 采用不分光红外法（Non-Dispersive Infrared，NDIR），NO_x 和 O_2 采用电化学法。排放结果以体积分数表示，原始排气不经稀释直接采样。

我国 2001 年 7 月 1 日实施的标准中规定，加速模拟工况采用 ASM5025 和 ASM2540 两个工况。汽车在底盘测功机上进行的 ASM5025 和 ASM2540 工况试验过程如图 3-1-3 所示。

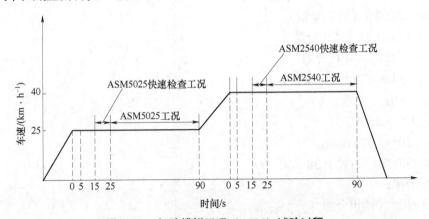

图 3-1-3 加速模拟工况（ASM）试验过程

ASM 试验方法如下：

（1）ASM5025 工况。

经预热后的汽车加速至 25 km/h，底盘测功机以汽车车速为 25 km/h、加速度为 1.475 m/s² 时的输出功率的 50%作为设定功率对汽车加载，工况计时器开始计时（$t=0$）。

汽车以（25±1.5）km/h 的速度持续运转 5 s，如果底盘测功机模拟的惯量值在计时开始后持续 3 s 超出所规定误差范围，则工况计时器将重新开始计时（$t=0$）。

如果再次出现该情况，检测将被停止，系统将根据排气分析仪最长响应时间进行预置（如果排气分析仪响应时间为 10 s，则预置时间为 10 s，$t=15$ s），然后系统开始取样，持续运行 10 s（$t=25$ s），即 ASM5025 快速检查工况。ASM5025 快速检查工况结束后，继续运行至 90 s（$t=90$ s），即 ASM5025 工况。

（2）ASM2540 工况。

ASM5025 工况检测结束后汽车立即加速至 40 km/h，底盘测功机以汽车车速为 40 km/h、加速度为 1.475 m/s² 时的输出功率的 25%作为设定功率对汽车加载。

工况计时器开始计时（$t=0$）。汽车以（40±1.5）km/h 的速度持续运转 5 s，如果底盘测功机模拟的惯量值在计时开始后持续 3 s 超出所规定误差范围，工况计时器将重新开始计时（$t=0$）。如果再次出现该情况，检测将被停止。

系统将根据排气分析仪最长响应时间进行预制（如果排气分析仪响应时间为 10 s，则预置时间为 10 s，$t=15$ s），然后系统开始取样，持续运行 10 s（$t=25$ s），即 ASM2540 快速检查工况。ASM2540 快速检查工况结束后继续运行至 90 s（$t=90$ s），即 ASM2540 工况。

加速模拟工况（ASM）试验运转循环如表 3-1-6 所示。

表 3-1-6 加速模拟工况（ASM）试验运转循环

工况	运转次序	速度/（km·h⁻¹）	操作时间/s	测试时间/s
AMS5025	1	25	5	
	2	25	15	
	3	25	25	10
	4	25	90	65
AMS2540	5	40	5	
	6	40	15	
	7	40	25	10
	8	40	90	65

加速模拟工况法是汽车排气污染物检测的飞跃，其工况涵盖了汽车的多种车速，有负荷的稳定工况、多种车速加速的非稳定工况，所以它比怠速法更能反映汽车的运行状态。该测试法需配置底盘测功机，使用操作也有一定的难度，目前在我国已广泛使用。所检测的污染物为 CO、HC 和 NO_x。

稳态工况法（ASM）主要使用的仪器有：NHA-504 废气分析仪和 NHC-03A 底盘测功机。

（1）NHA-504 废气分析仪。该废气分析仪与双怠速法所使用的 FLA-501 型五组分汽车排气分析仪所测试的气体和原理相同，各参数接近，操作过程亦相差不大。其结构如图 3-1-4 所示。

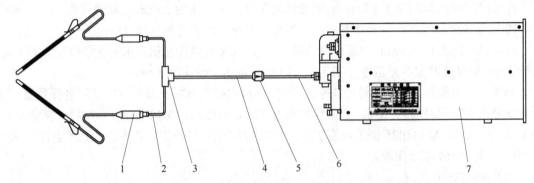

图 3-1-4　NHA-504 废气分析仪的结构

1—取样探头；2—4.5 m 氟橡胶管；3—三通组件；4—0.5 m PU 管；5—前置过滤器；6—2 m PU 管；7—NHA-504 废气分析仪

具体参数为：

① 测量范围：

HC（正己烷当量）：$0 \sim 9\ 999 \times 10^{-6}$（体积分数）；

CO：$0 \sim 14.00\%$（体积分数）；

CO_2：$0 \sim 18.00\%$（体积分数）；

O_2：$0 \sim 25.00\%$（体积分数）；

NO：$0 \sim 5\ 000 \times 10^{-6}$（体积分数）。

② 预热时间：10 min（环境温度不低于 20 ℃时）。

③ 分辨率：

HC：1×10^{-6}（体积分数）；

CO：0.01%（体积分数）；

CO_2：0.1%（体积分数）；

O_2：0.02%（体积分数）；

NO：1×10^{-6}（体积分数）；

λ：0.001；

油温：0.1 ℃；

转速：1 r/min。

④ 环境温度：5 ℃～40 ℃。

⑤ 相对湿度：5%～95%。

⑥ 电源电压：220（1±10%）V，（50±1）Hz。

⑦ 消耗功率：约 50 W。

⑧ 外形尺寸（长×宽×高）：541 mm×484 mm×222 mm。

（2）NHC-03A 底盘测功机。汽车底盘测功机应符合相关国家标准的规定。NHC-03A 底盘测功机采用风冷式电涡流机作为功率吸收装置，带有滑行电动机及 1 个机械飞轮，其结构如图 3-1-5 所示。

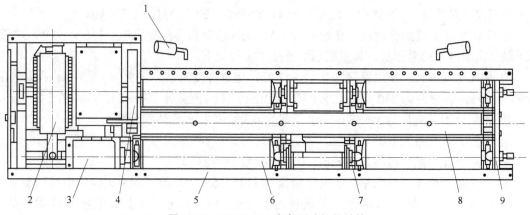

图 3-1-5　NHC-03A 底盘测功机的结构

1—限位装置；2—功率吸收装置；3—驱动电动机；4—惯性飞轮；5—机架；6—滚筒；7—联轴器；8—举升器；9—传动带

其主要规格及技术参数：

整体：

① 额定轴荷为 5 000 kg。

② 允许通过的车辆轴荷为 10 000 kg。

③ 最大吸收功率为 250 kW（70 km/h）。

④ 额定电压为 AC 380（1±10%）V（三相五线）。

⑤ 最大电流为 25 A。

⑥ 最高测试速度为 130 km/h。

滚筒组：

① 滚筒直径为 216 mm。

② 滚筒长度为 1 000 mm。

③ 滚筒中心距为 440 mm。

④ 滚筒内间距为 720 mm。

惯量：

① 基本惯量为（907±18）kg。

② 惯量模拟范围为 907～2 700 kg。

驱动电动机：

① 功率为 5.5 kW。

② 驱动方式为变频调速。

最大滑行速度：96 km/h。

电涡流吸收器：

① 最大耗电量为 3.84 kW。

② 最大输出转矩为 1 800 N·m。

③ 最大驱动力为 6 000 N。

示值误差：

① 速度为 ±0.2 km/h。

② 驱动力为 ±10 N 或 ±1%。

外形尺寸及质量：长×宽×高（mm）为 4 000×990×720；净重为 1 750 kg。

（3）NHV-1.1 流量分析仪。在使用 VMAS 工况法时需要用到流量分析仪，分析仪主要用于测试汽车尾气的总排量。其主要规格及技术参数如下：

① 使用环境条件。使用温度为 2 ℃～43 ℃；相对湿度为不大于 95%（非冷凝）；大气压为 95～110 kPa；电源为 380（1±10%）V，（50±1）Hz（流量计 187～242 V，（50±1）Hz）。

② 测量范围。流量为 5～13 m^3/min；氧为 0.3%～22.5%（体积分数）。

③ 分辨力。流量为 0.03 m^3/min；氧为 0.1%。

④ 预热时间。最长时间为 3 min，一般情况为 13～23 s。

⑤ 名义流量值和采样频率。名义流量值为 118～165 L/s；流量测量采样频率≤1 Hz。

⑥ 示值允许误差。流量通道示值误差为±0.40 m^3/min；流量通道重复性误差为±0.15 m^3/min；氧通道示值误差为±0.3%（体积分数）。

3）瞬态工况法

瞬态工况法是使汽车在底盘测功机上运转，以模拟汽车真实运行工况的方法，在加载情况下测定汽车发动机排出的各种废气成分的瞬态浓度值，可以真实反映汽车实际行驶时的排放特征。

瞬态工况法的试验循环包含怠速、加速、匀速和减速等各种工况，所以要比双怠速法和 ASM 法复杂。瞬态工况法的排气污染物测量值的单位以 g/km 表示。

由于该方法来源于美国 I/M 制中的瞬态工况试验，全部试验循环共需 195 s，所以这种方法又简称为 IM195。这种排放测试系统不仅体积庞大，而且造价昂贵，从而限制了它的广泛使用。至今，各国按瞬态工况法制定的汽车行驶排放标准仅作为定型车鉴定、科研和生产车抽检（多为 2%）之用。

瞬态工况法排放测试系统的基本配置如图 3-1-6 所示。它采用的测试设备有底盘测功机、排气取样系统和排气分析仪等。

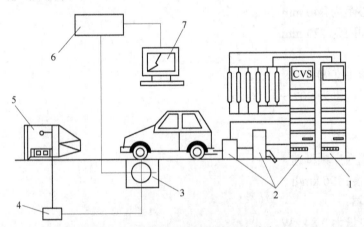

图 3-1-6　瞬态工况法排放测试系统

1—排气分析仪；2—排气取样系统；3—底盘测功机；4—变频器；5—风机；6—测功机控制台；7—监视器

底盘测功机应配备功率吸收装置和惯性飞轮组（或电模拟惯量），以模拟道路行驶阻力和汽车加速惯量。它应装备双滚筒，且滚筒直径为 200～530 mm，可适用于最大总质量不大于 3 500 kg 的轻型客车和货车。其最大功率要保证当速度在 100 km/h 时为 56 kW，最大安全测试速度为 130 km/h。

排气取样系统采用临界流量文氏管（FV）式定容取样系统（CVS），可以连续计量及在控制的条件下用环境空气稀释来采集排气样气。取样探头安装在 CVS 内，其结构应保证采集的样气为连续的、等容积的。由于设备所在试验场地环境温度可能较低，故要求取样管为加热式，加热温度最低为 50 ℃、最高为 120 ℃，试验期间应能够对该温度进行监控。

排放分析系统应能对 HC、CO、CO_2、NO_x 几种排气污染物自动取样、积分和记录。HC 分析采用火焰离子检测器（Flame Ionization Detector，FID）法，CO 和 CO_2 分析均采用不分光红外线（NDIR）原理，NO_x 分析应采用化学发光法（Chemiluminescent Detector，CLD）。

在底盘测功机上进行的瞬态工况法运转循环如图 3-1-7 所示。

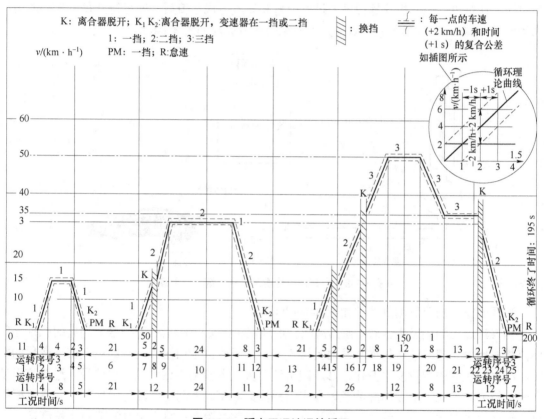

图 3-1-7　瞬态工况法运转循环

4）简易瞬态工况法

简易瞬态工况法（Vehicle Mass Analysis System，VMAS）是美国开发的一种在用车排放测试方法，用以克服瞬态工况法费用太高的缺点。该方法成本略高于稳态工况法，但比瞬态工况法低，测试精度较高。

简易瞬态工况污染物排放试验设备组成包括：一个至少能模拟加速惯量和匀速负荷的底盘测功机；一个五气排气分析仪和一个气体流量分析仪组成的采样分析系统。

它可以实时地分析汽车在负荷工况下排气污染物的排放质量。简易瞬态工况法排气污染物测量值的单位也用 g/km 表示。

简易瞬态工况法和瞬态工况法的测试工况循环过程和所使用的底盘测功机是相同的。五气排气分析仪对 CO、HC 和 CO 采用 NDIR 法进行分析,而对 NO_x 采用电化学法进行分析。

气体流量分析仪的作用是:最终检测出排放污染物的质量。其结构组成包括:微处理器、锆氧传感器、鼓风机、通气室、流量传感器、温度和压力传感器。其中,锆氧传感器是用来测试在试验过程中稀释气体的氧气浓度的传感装置,可以测量测试开始时环境空气的氧气浓度。通过与五气排气分析仪氧气浓度的比较,还可以用来计算稀释比例。流量传感器测得的流量值是稀释气体的实际流量,该流量值经过温度和压力补偿校正后,就可以得到稀释气体的标准流量。

汽车排放的尾气一部分进入废气分析仪,对尾气中的各成分进行测量,并将测量值送入计算机;另一部分与环境空气混合后经风机引入流量测量装置,测量得到的流量值由 RS232 串口送入计算机。经分析计算稀释的排气流量和尾气各成分值后,即可得到每千米排放污染物的质量(g/km)。汽车排放总质量分析系统的测量原理如图 3-1-8 所示。

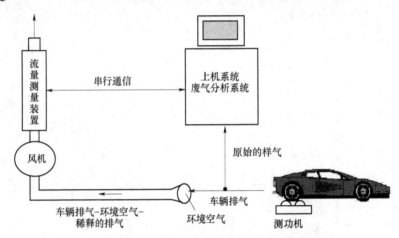

图 3-1-8 汽车排放总质量分析系统测量原理

稀释的排气的流量测量原理如图 3-1-9 所示。

当气流通过涡旋发生柱时,在其后面会形成涡旋(又称卡门涡流),这些涡旋的频率与气体流量成比例。超声波从传送端发射到接收端,由于受到卡门涡流造成的空气密度变化的影响,超声波频率的相位发生变化,形成疏密波。接收器检测出这种疏密波信号,通过整形使之形成矩形波,此矩形波的脉冲频率即卡门涡流的频率,其与空气流速成比例。计算机根据接收器接收到的脉冲信号频率,即单位时间内产生的涡流数计算出空气流速和体积流量。

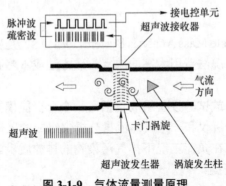

图 3-1-9 气体流量测量原理

实际流量是由超声涡旋流量计直接测量的流量,没有校正温度和压力。标准流量是实际流量经过温度和压力修正的流量值。

在数据采集过程中,系统将实时测量的排放气体浓度和流量值送至 VMAS 的微处理器,并由微处理器计算每秒的污染物排放质量值:

$$排放质量 = 浓度 \times 密度 \times 排放气体流量$$

其中,浓度(HC、CO、CO_2、NO_x)由气体浓度分析仪采样原始排放气体而获得;标准状态下,每种气体的密度都是一常量;排放气体流量无法直接测量,一般由稀释气体的标准流量和稀释比计算得到,计算公式为

$$排放气体流量 = 稀释气体标准流量 \times 稀释比$$

稀释比的值为 0~100%,其计算公式为

$$稀释比 = (环境 O_2 - 稀释 O_2) / (环境 O_2 - 原始 O_2)$$

其中,环境 O_2 和稀释 O_2 的值通过流量分析仪中具有快速反应能力的氧传感器测取,原始 O_2 的值通过气体浓度分析仪采样测取。环境 O_2 是每次检测前大气中的氧气含量,稀释 O_2 则是稀释后气体中的氧气含量。

各污染物排放因子(g/km)最后由系统主机计算,计算公式如下:

$$排放因子(g/km) = 单位时间排放质量(g/s) / 车辆单位时间当量行驶距离(km/s)$$

3. 废气检测原理

1)常用的气体分析方法

测量某种气体含量的仪器叫气体分析仪。根据测量原理的不同,气体分析有很多种方法,如红外线气体分析法和电化学分析法等。

在国家标准中,规定应采用不分光红外线气体分析仪检测汽油车的 CO、HC 和 CO_2,采用电化学方法测量 NO_x、O_2。

(1)红外线气体分析法。光是一种电磁波,不同光线都有自己的波长范围。红外线的波长要比可见光更长一些。另一方面,不同气体具有吸收不同波长红外线的特性。

例如,汽车排放废气中的 CO、HC、NO 和 CO_2 等气体,在肉眼看来(在可见光范围内)都是透明的,但在某种波长红外线照射下就不那么透明了,好像红外线被吸收或被挡住了一部分。

事实上,当红外线穿过某种气体时,它的能量确实是被吸收了一部分,而且所吸收能量的大小与红外线的波长和该气体的浓度有关。

不同的气体吸收红外线的波长也不相同,如图 3-1-10 所示。

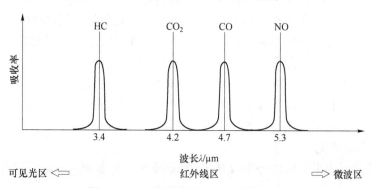

图 3-1-10 不同气体吸收红外线的特性

[**举例**] CO 主要吸收 4.7 μm 附近的红外线，为此可以让红外线通过一定量的汽车尾气，根据对比 4.7 μm 红外线经过尾气前后能量的变化，来测定尾气中 CO 的含量。这就是不分光红外线气体分析方法的基本原理。

需要说明的是，由于废气中 HC 含有多种成分，不同的碳氢化合物吸收红外线的波长也有些差别。在图 3-1-10 中，HC 对应的曲线是正己烷（C_6H_{14}）的特性，它吸收的红外线波长为 3.4 μm。检测汽车废气时所说的 HC 浓度，都是以正己烷为基准。

（2）电化学分析法。这种方法的原理与以前学习过的氧传感器的工作原理类似。当气体含量不同时，在催化剂作用下，传感器可以产生不同大小的电压信号。

2）多种气体排气分析仪的结构和工作原理

多种气体（四气体或五气体）排气分析仪是目前普遍使用的汽车排气分析仪器。

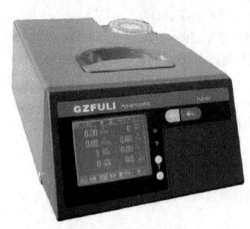

图 3-1-11 五气分析仪外形

以五气排气分析仪为例，它可测量五种气体成分：HC、CO、CO_2、NO_x 和 O_2，其中 HC、CO、CO_2 采用不分光红外法（NDIR）测量，可获得足够的测试精度。而 NO_x 和 O_2 采用电化学分析法测量，即分别采用一氧化氮传感器和氧传感器测定。

同时，五气分析仪还能测量大气温度、大气压力、发动机转速、排气温度等参数，并能显示过量空气系数 λ 的值。五气分析仪的外形如图 3-1-11 所示。

五气分析仪结构原理如图 3-1-12 所示，主要组成为气路、红外光学平台、传感器及信号采集、处理等。

结构说明：

（1）气路系统。汽车排出的废气经取样探管 13、外部过滤器 12、机内过滤器 15、标定电磁阀 14 和采样气泵 2 后，成为样气，送入红外光学平台的测量室 5。采用两级过滤是为了分别对样气的水与杂质进行过滤。气路设计中的三个气体入口分别完成测量、清洗（同时具备清零作用）及校正功能。

（2）红外光学平台。红外光学平台主要组成包括：红外发送器（光源）3、同步电动机 4、测量室 5、光学滤镜 6 和红外接收器 7 等。这种结构的主要特征是：可同时分析 2~3 种组分，采用单气室、单光路和组合式热电堆红外检测器结构。

红外发送器（光源）采用陶瓷密封光源，光源内部是由镍铬丝制成的螺旋状红外辐射源，为测量通道提供红外光。辐射源两端加上 8~10 V 的恒定电压。加热的辐射源发出 2~12 μm 波长的红外线，通过红外光源座内球形镜面的反射成为平行的红外光束。辐射源是密封的并充有惰性气体，以防被氧化而使光强产生变化，影响仪器的稳定性。

同步电动机 4 由切光电动机和切光片组成。切光电动机是一个步进电动机，它带动旋转式扇形切光片转动，利用切光片将光源发出的连续光调制成断续光，并将红外辐射调制成频率为 12.5 Hz 的方波式光束。

红外接收器通常为半导体红外接收器 7，如热电堆检测器和热释电检测器。

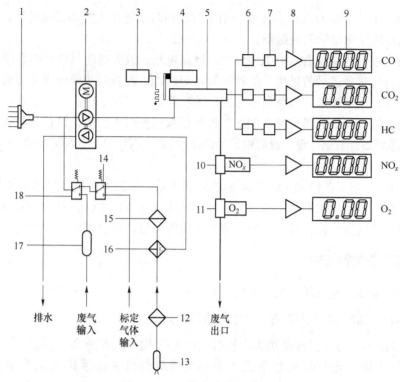

图 3-1-12 五气分析仪结构原理

1—流量传感器；2—采样气泵；3—红外发送器；4—同步电动机；5—测量室；6—光学滤镜；7—红外接收器；
8—放大器；9—显示器；10—NO_x 传感器；11—O_2 传感器；12—外部过滤器；13—取样探管；14—标定电磁阀；
15—机内过滤器；16—冷却分离过滤器；17—活性炭过滤器；18—自动调零电磁阀

多气排气分析仪采用的热电堆红外检测器为组合式的，即由四个热电堆 $LiTaO_3$ 和传感器单元（即 HC、CO、CO_2）组成的一个组合传感器，分别用于测量 HC、CO、CO_2 的气体浓度值及比较其作用。

下面以测量 CO 的热电堆 $LiTaO_3$、传感器单元为例说明其测量原理。

从光源发出的红外光，经旋转切光片周期性切断，被调制成交变的红外光，通过充有样气的测量室 5，再穿过 CO 热电堆传感器单元前的光学滤镜 6，则样气中被测组分（CO）对应的窄波波段（中心波长为 4.68 μm）的红外辐射通过，其他波段截止。因而其后的探测器所测量的仅是 4.68 μm 这个窄波波段的辐射通量，这样到达组合式热电堆红外检测器中的 CO 红外接收器 7 单元仅反映被测组分（CO）的浓度，从而实现在一个光路中检测多种气体组分的功能。

当样气中的被测组分（如 CO）为零时，没有红外吸收产生，通过滤光片到达 CO 热电堆传感器单元上的红外光能量最强，传感器输出信号最大。当样气中的被测组分（如 CO）不为零时，CO 将吸收部分对应其波长的红外能量，使到达相应传感器单元上的红外能量减少，其输出信号减小。通过比较传感器输出信号的减小程度，就可测出相应组分的浓度。

（3）NO_x 和 O_2 传感器。除了组合式热电堆红外检测器外，分析仪还装有 O_2 传感器、NO_x 传感器、压力传感器、流量计等传感器。

O_2 传感器 11 和 NO_x 传感器 10 安装在分析仪的排气口处，分别用于测量汽车排气中的

O_2 和 NO_x 的浓度值。流量计、压力传感器用于对检测结果进行压力和温度补偿，以消除外界环境变化对气体浓度测量误差的影响。

（4）测量仪表。测量仪表主要组成包括：稳流电路、放大电路、单片机系统。

功能：实现传感器信号的采集、处理和显示等功能。此外，测量仪表还有自动调零、线性化、压力补偿、温度补偿、数字显示和通信等功能。

组合式热电堆红外检测器将接收到的红外光能量转换成电信号，经前置放大器放大，然后送入单片机系统进行数据处理，最后由显示器显示 CO、CO_2、HC、NO_x 和 O_2 的浓度测量值。

3) 过量空气系数 λ

过量空气系数 λ 定义：燃烧 1 kg 燃料的实际空气量与理论上所需空气量的质量比。

通过多气排气分析仪测量汽车排放的五种排气成分（CO、CO_2、HC、NO_x 和 O_2）的浓度值，并根据各种气体中碳、氢、氧原子数的比值等参数，可以理论上计算出 λ 的值。

3.1.4 柴油车的排放法规

国家标准对柴油车尾气排放的限值的规定：

1. GB 3847—2005 中关于柴油车排放限值的规定

（1）自 2005 年 7 月 1 日标准实施之日起生产的在用汽车，应按规定的要求进行自由加速试验，所测得的排气光吸收系数不应大于车型核准的自由加速排气烟度排放限值再加 0.5 m^{-1}。

（2）自 2001 年 10 月 1 日起至 2005 年 7 月 1 日生产的汽车，应按规定的要求进行自由加速试验，所测得的排气光吸收系数不应大于以下数值：

① 自然吸气式：2.5 m^{-1}。
② 涡轮增压式：3.0 m^{-1}。

（3）自 1995 年 7 月 1 日起至 2001 年 9 月 30 日期间生产的在用汽车，应按规定的要求进行自由加速试验，所测得的烟度值应不大于 4.5 Rb。

（4）自 1995 年 6 月 30 日以前生产的在用汽车，应按规定的要求进行自由加速试验，所测得的烟度值应不大于 5.0 Rb。

2. GB 3847—2005 中关于在用汽车的排放监控

（1）在机动车保有量大、污染严重的地区，可采用标准规定的加载减速工况法。在用汽车的排放监控也可采用目测法，对高排放汽车进行筛选，由具有资格的人员进行。

（2）各省级环境保护行政主管部门可根据当地实际情况，确定在用汽车排放监控方案，选择自由加速法或加载减速工况法中的一种作为在用汽车排气污染物排放检测方法。

（3）采用加载减速工况法的地区，应制定地方排气烟度排放限值，经省级人民政府批准，报国务院环境保护行政主管部门备案后实施。

3.1.5 柴油车排气污染物的检测

1. 柴油车排气污染物检测的意义

柴油发动机燃烧的柴油是在高压的气缸中自燃的。由于燃料和工作条件不同，柴油机和汽油机的排气成分有很大区别。柴油机的排气主要是排烟问题。

因燃料、天气和发动机工作状况的不同，柴油机排烟有三种形态：

第一种是"白烟"，也叫"冷烟"，多发生在冷机起动时。由于发动机气缸内温度较低，燃料未能充分燃烧，部分残余燃油微粒混入排气中；或因天冷，气缸内积有冷凝水，起动时遇热汽化，以水蒸气形式排出。

第二种是"蓝烟"。蓝烟是润滑油参与燃烧的产物。当气缸与活塞磨损严重、彼此间隙过大，或气门与气门导管间隙过大时，都会导致部分润滑油进入气缸，混入燃油之中。

第三种是问题最大的"黑烟"，也叫"热烟"。主要是由于混合气过浓，在高温缺氧条件下，燃料未能充分燃烧，而生成一种有机炭颗粒，悬浮于排气中，形成黑色或灰色烟尘。黑烟在发动机大负荷或突然加速时最容易产生。

柴油机的排气成分中虽也含有多种化合物，但其中的 CO、HC 比汽油机少得多，所以柴油机的排气污染物主要是炭烟和 NO_x。柴油车各种工况排放情况如表 3-1-7 所示。

表 3-1-7 柴油车各种工况排放情况

	加速	定速	减速	怠速
CO	总是很低，约 0.1%（体积分数）			
HC	（90～200）×10^{-6}（体积分数）		400×10^{-6}（体积分数）	
NO_x	（800～2 500）×10^{-6}（体积分数）		（30～70）×10^{-6}（体积分数）	
炭烟	最高，约 0.30 g/m^3			

炭烟本身也含有多种成分，其中不少是对人体有害的。

炭烟排放到空气中，与其他工业烟尘污染物共同形成"悬浮颗粒物"（Particulate Matter，PM），其中直径等于或小于 10μm 的颗粒物（PM10）称为"可吸入颗粒物"，可以进入人的呼吸系统；直径小于或等于 2.5μm 的颗粒物（PM2.5）称为"细颗粒物"，对人的侵害更深。炭烟形成的悬浮颗粒物也会严重污染大气环境，不仅影响城市清洁，也是造成灰霾天气的重要原因，严重时会妨碍驾驶员视线，影响交通安全，还浪费燃料。

所以一方面要限制柴油车炭烟的排放，另一方面需通过不断改进柴油燃料品质（如加入消烟添加剂）、发动机燃烧技术（提高喷油压力、加强进气涡流/涡轮增压等）以及后处理装置（颗粒捕集净化装置（Diesel Particulate Filter，DPF）、催化反应方法等）使柴油车尽量减少排放污染物。

GB 3847—2005《车用压燃式发动机和压燃式发动机汽车排气烟度排放限值及测量方法》对柴油车排放的限值、检测方法和使用的仪器设备都做了具体规定。

2. 有关的基本概念和术语

1）关于滤纸式烟度计及测量单位

"烟度"是一个传统的概念。前几年我国普遍采用滤纸式烟度计检测柴油车排气，所以"烟度"的定义就是：一定容量的排气透过滤纸后，滤纸被染黑的程度。

将染黑的程度用数量表示，称为"滤纸烟度值"（Filter Smoke Number，FSN），其是量纲为 1 的数值；有时也叫作博世（Bosch）烟度，单位用符号 Rb 表示。滤纸最白为 Rb0，最黑为 Rb10。

测量时，用光照射在被染黑的滤纸上，滤纸能反射的光强度即与滤纸被染黑的程度有关。滤纸越黑，能反射的光就越少。

2）关于不透光式烟度计及测量单位

目前我国主要使用不透光式烟度计测量柴油车排放。其基本原理是：使被测废气在光源和光接收器之间连续通过，利用炭烟对光的吸收作用，使透光率发生变化而测定气体的烟度。使用的测量物理量有两种，分别称为"光吸收系数"k和"不透光度"N。

如图 3-1-13 所示，用被测气体充满一个内表面不反光的容器，在容器两端分别安装光发射器（光源）和光接收器（光电池）。

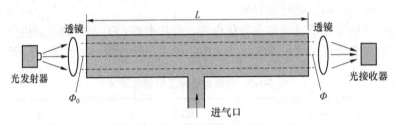

图 3-1-13 不透光烟度计原理示意图

当容器内充满含有炭烟的气体时，光源发出的光线到达光接收器前将会被吸收一部分。被测气体含炭烟越多，光电池感受的光强度将会越弱。将光电池感受的信号经转换处理后送入指示仪表，就可以测试气体的不透光程度或对光的吸收程度。

3）柴油车排气烟度的几种基本测量方法

柴油车排气烟度的基本测量方法，按照测量时发动机运行状态的不同有两类，又因使用的仪器不同而具体可分为三种。

（1）自由加速试验、滤纸烟度方法。自由加速工况指：在发动机不带负荷的怠速状态下，迅速踩下加速踏板而突然加速的工况状态。在自由加速工况下使用滤纸式烟度计测量排气烟度。

（2）自由加速试验、不透光烟度方法。这种试验仍然是在自由加速工况下进行，所不同的是采用不透光烟度计测量排气的光吸收系数。

（3）加载减速试验、不透光烟度方法。这是一种带负荷的稳态试验方法，试验在底盘测功机上进行，在发动机额定功率附近给发动机逐渐加载，测试在加载、减速过程中的排放情况，仍采用不透光烟度计测量。

由于这些方法的设备和操作都比较复杂，所以国家标准中并未做强制要求，而是提出各地方根据具体情况自行制定相应标准和要求。

3. GB 3847—2005 对相关仪器设备和测量方法的规定

GB 3847—2005 对在用汽车的烟度检测作出了具体规定，标准规定有三种烟度测量方法，分别为：自由加速试验（滤纸烟度法）；自由加速试验（不透光烟度法）；加载减速试验（不透光烟度法）。

下面分别对三种测试方法进行介绍。

1）自由加速试验（滤纸烟度法）

（1）滤纸式烟度计。

滤纸式烟度计主要组成包括取样系统、走纸机构、光电检测系统、控制系统。外形如图 3-1-14 所示。

滤纸式烟度计的基本工作原理如图 3-1-15 所示。

图 3-1-14 滤纸式烟度计
1—抽气泵把手；2—数显仪表；
3—走纸/清洗按钮；4—取样按钮

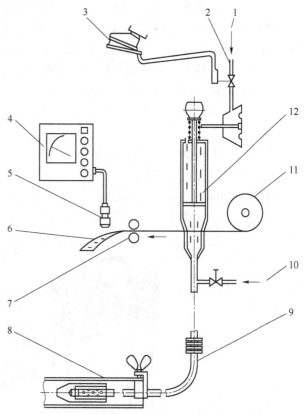

图 3-1-15 滤纸式烟度计的基本工作原理示意图
1—压缩空气；2—电磁阀；3—脚踏开关；4—指示仪表；5—光电传感器；
6—滤纸；7—步进电动机；8—汽车排气管；9—取样探头；
10—清扫用压缩空气；11—滤纸卷；12—抽气泵

取样系统包括抽气泵、取样探头、取样软管和电磁阀等部分。

工作过程： 取样前将活塞压到底，此时活塞被锁紧机构锁紧。当踩下踏板或按下"手动抽气"按钮时，活塞在弹簧力的作用下上升到顶端。在活塞上升过程中，柴油车的排气经取样管并经滤纸过滤后被吸入抽气泵内。废气透过滤纸时，滤纸就被炭烟染黑。

走纸机构主要组成包括：走纸电动机、走纸轮、走纸电磁铁和微动开关等。

工作过程： 抽取废气时，滤纸被压紧，以便过滤废气。当抽气泵抽取了一定量的被测气体，透过一定面积的滤纸后，滤纸被染黑。气泵复位时，滤纸被松开，走纸电动机转动，带动从动轮转动，滤纸同时移动，滤纸被废气染黑的部分恰好从夹纸机构处移动到光电检测器下方。

光电检测系统主要包括光源、硒光电池和指示仪表等，可测试滤纸被染黑的程度并转换成电信号送至指示仪表。

控制系统主要包括电磁阀、继电器、脚踏开关和控制按钮等，用于控制抽气、清洗、复位等动作。为了便于操作和使用，有的烟度计将抽气、清洗和走纸等操作都分成自动和手动两种方式。

（2）试验方法。

国家标准规定的"自由加速"工况，是指发动机在怠速状态下（离合器处于接合位置，加速踏板松开，对于机械变速器选择空挡，自动变速器选择 P 位或 N 位），将加速踏板迅速踩到底，维持 3 s 左右，一旦达到最大转速，立即松开加速踏板，使发动机恢复至怠速。这样的操作要进行数次，两次操作的时间间隔约在 11 s。

在测量之前，应将车辆和仪器预热，使之达到规定的稳定热状态，然后预先操作若干次，以便抽取管路中的空气，最后进入正式测量操作。取最后三次自由加速测量数据的算术平均值作为测量结果。

2）自由加速试验（不透光烟度法）

（1）不透光烟度计简介。

不透光烟度计主要由两部分组成：取样装置和仪表。外形如图 3-1-16 所示。

取样测量装置又称为光学平台，结构包括采样管、烟气收集装置、光电转换器和风扇。

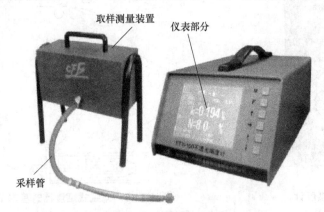

图 3-1-16　不透光烟度计

仪器工作时，风扇也一直在抽、排烟气，所以车辆尾气是被连续抽取的，这一点与滤纸式烟度计每次抽取一定量的排气很不相同。所以这种仪器不仅可以用于自由加速测试，也可以用于稳态测试。

光电转换器随时将所收集的排气烟度转换成对应的电信号，通过信号线送至仪表内的计算机进行处理。

仪表部分的核心是单片机系统，主要功能是：对取样信号进行分析处理后，计算出排气的光吸收系数 k 和不透光度 N 的值，并在屏幕上显示及必要时打印。对于不同测试工况，仪表能够分别处理。

例如：① 对于自由加速工况，可连续记录测试过程数据，显示测试的 k 值曲线，并能给出多次测试结果的平均值。

② 对于稳态测试工况，则给出一段连续过程测试数据的平均值。对于一般测量状态，则随时给出测试数据。此外，仪器还具有数字滤波和线性校正等功能。

（2）试验方法。

在测量之前，应将车辆和仪器预热，使之达到规定的稳定热状态，然后预先操作若干次，以便抽取管路中的空气，最后进行正式测量操作。

将仪器调到"加速"测试模式，即可按照自由加速工况要求踩下节气门踏板，要求在 1 s 之内将节气门踏板踩到底。其他操作要求与滤纸烟度计操作类似。此过程中仪器被自动触发，测量加速过程中 k 和 N 的最大值并记录各次的测试结果。在测量稳定条件下可给出测量结果的平均值。

3）加载减速试验（不透光烟度法）

测量柴油车排气可见污染物时，传统的测量方法主要是自由加速工况法，但是自由加速工况法有较大的局限性，故目前越来越多的地方采用加载减速工况法。

（1）基本试验条件。

加载减速试验是在底盘测功机上进行的、带负荷的稳态试验，主要检测柴油车在最大功率附近加载减速过程中的排放状况，仍使用不透光烟度计进行测量。

（2）试验过程。

试验前，先将仪器和待检车辆发动机预热使之达到规定热状态，然后将待检车停放在底盘测功机上，起动发动机，变速器置空挡，逐渐加大节气门开度直到开度最大，记录最大发动机转速，然后回到怠速状态。

使用前进位并选择合适挡位，使节气门开度全开，底盘测功机指示车速接近 70 km/h，但不能超过 100 km/h，然后底盘测功机进入自动检测程序。

按照规定的加载减速检测程序，驾驶员保持节气门开度全开位置，底盘测功机将自动给汽车发动机加载，车速也将逐渐降低。

测功机的计算机系统检测最大轮边功率与相对应的发动机转速和转鼓线速度（VelMaxHP）（即最大功率对应的滚筒线速度），并检测 VelMaxHP 点、90%VelMaxHP 点和 80%VelMaxHP 点的光吸收系数 k。加载减速试验过程如图 3-1-17 所示。

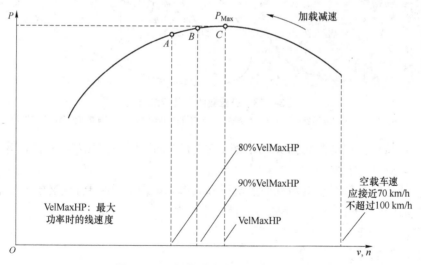

图 3-1-17 加载减速试验过程示意图

按照 HJ/T 241—2005 的规定，如果上述三个工况点（即 VelMaxHP 点、90%VelMaxHP 点和 80%VelMaxHP 点）测得的光吸收系数 k 中有一项超标，即判定车辆排放不合格；如果测试过程中测得的实际最大轮边功率值低于制造厂规定的发动机额定功率的 50%，也判定为排放不合格。

3.1.6 任务实施：汽油车和柴油车尾气检测

3.1.6.1 汽油车排气检测

近年来我国推广的汽油车尾气检测方法有双怠速法和稳态工况法等。

1. 汽油车双怠速法检测

1）任务实施目标

（1）能正确使用 FLA-501 型五组分汽车排气分析仪对汽油车尾气进行检测。

（2）能对检测结果进行正确分析。

2）任务实施所需设备及准备

（1）设备：FLA-501 型五组分汽车排气分析仪、标准气、汽车、电源、车速传感器。

（2）检测前的准备。

① 将取样管的一端套上探头把手，套牢后用软管夹箍夹紧；将取样管的另一端套上水分离器，用软管夹箍夹紧。

② 检查过滤元件是否清洁，是否破损；检查过滤器滤芯是否可以继续使用，滤芯的方向是否安装正确，如图 3-1-18 所示。

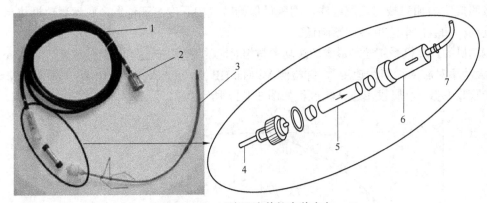

图 3-1-18 过滤器滤芯的安装方向

1—取样管；2—水分离器；3，4—取样探头；5—前置过滤器滤芯；6—前置过滤器；7—软管

③ 拔下连接仪器端电源线插头，用大拇指往右按的同时往前拉熔丝外壳，露出熔丝，取出并检查，其标值应为 2 A。

④ 电源线应接在符合仪器所标明的电压和频率的电源上，不要将仪器放置在电焊机等产生显著干扰的场所附近，不与这类装置共用一个电源。

3）任务实施步骤

（1）对仪器的设置。

① 打开电源开关，仪器自动检测 15 s，即自动转入调零。调零结束之后仪器转入准备模式，如图 3-1-19 所示。

② 选择"功能"键，进入菜单界面，如图 3-1-20 所示。

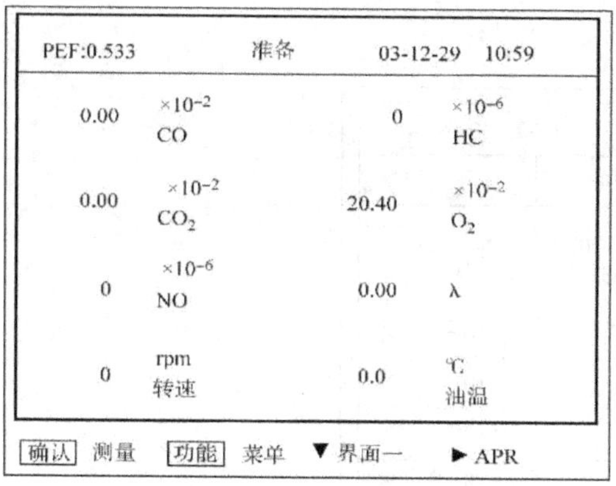

图 3-1-19 准备模式

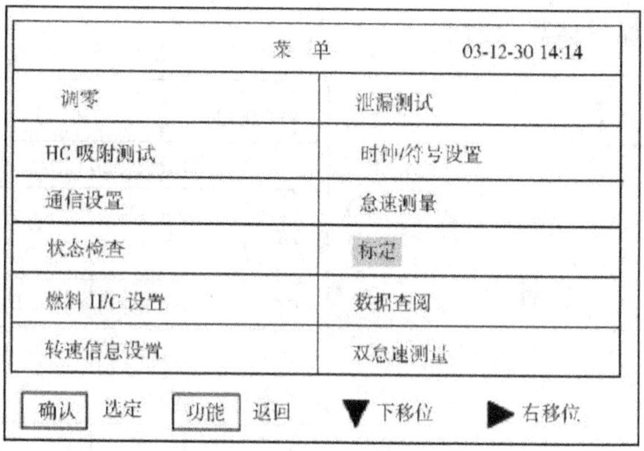

图 3-1-20 菜单界面

③ 为了保证测量时仪器没有泄漏，确保测量结果的准确，要进行泄漏测试。在菜单界面下，按"→"键把光标移到"泄漏测试"位置，按"确认"键进入泄漏测试界面，如图 3-1-21 所示。堵住进气口，按"确认"键启动泄漏测试程序。如果测试中有泄漏现象，重新进行泄漏测试，如果泄漏现象依然存在，则应先检测相关部件，然后再进行泄漏测试，直到无泄漏为止。

④ 从取样管中取出探头，在菜单界面上选择"HC 吸附测试"选项，进入 HC 吸附测试界面，按"确认"键开始吸附测试。

⑤ 在菜单界面分别选择"时钟/符号设置""转速信息设置""燃料 H/C 设置""通信设置"选项，按照所检测车辆分别对时钟/符号、转速信息、燃料 H/C 和通信设置等参数进行设置。

（2）对仪器的标定。

① 在菜单界面将光标移到"标定"位置，按"确认"键，进入标定界面，如图 3-1-22 所示。按"↓"或"→"键移动光标，选择标定通道及设定值的某一位并确定设定值的大小，设定值的大小依据标准气的实际浓度而定。

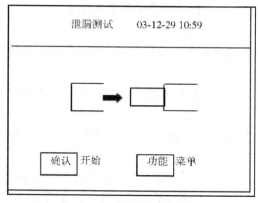

图 3-1-21 泄漏测试界面

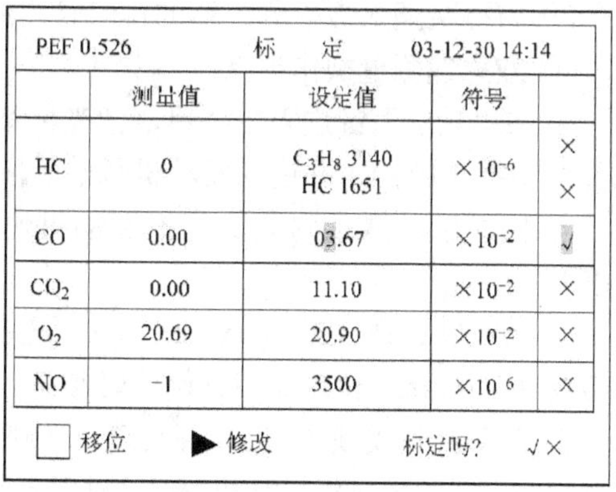

图 3-1-22 标定界面

② 按"↓"键直到屏幕出现一组新提示，如图 3-1-23 所示。根据提示，将随仪器配套的小瓶标准气的瓶盖取下，将瓶嘴对准仪器的标准气入口，稍用力向下压，标准气就会进入仪器。随着标准气进入仪器的气室，测量值在屏幕中显示其读数。当所显示的读数基本稳定后，停止输入标准气。标准气的导入时间通常只需 5~7 s，但如果瓶内压力已很低，就要增

加气体导入时间。

PEF 0.526		标 定	03-12-30 14:14	
	测量值	设定值	符号	
HC	0	C_3H_8 3140 HC 1651	$\times 10^{-6}$	× ×
CO	0.00	03.67	$\times 10^{-2}$	✓
CO_2	0.00	11.10	$\times 10^{-2}$	×
O_2	20.69	20.90	$\times 10^{-2}$	×
NO	-1	3500	$\times 10^{-6}$	×

请通标准气，稳定后 确认 标定 功能 返回 ✓ ×

图 3-1-23　通标准气标定界面

③ 检查或校准 FLA-501 汽车排气分析仪时，建议使用如下浓度的气体：

C_3H_8（丙烷）：$2\,880\times10^{-6}\sim3\,520\times10^{-6}$（体积分数）；

CO_2：9.9%～12.1%（体积分数）；

CO：3.15%～3.85%（体积分数）；

NO：$3\,000\times(1\pm20\%)$（体积分数）。

如果使用的标准气的类型、浓度不同，需换算成建议标准气的类型及浓度。

④ 从仪器标准气入口通入标准气体，等测量值处的读数稳定后再按"确认"键。稍等 10 s 后，标定结束。

（3）数据测量。

① 接上油温传感器，把探针插入被测车辆的机油箱内。

② 把测速传感器一端接到仪器上，把测速传感器夹到被测车辆发动机任一点火线圈上。

③ 将探头插入被检测车辆的排气管内约 30 mm 深，然后用夹子将探头固定稳。

④ 双怠速测量操作步骤：

a. 按"功能"键进入主菜单，把光标移到"双怠速测量"位置后按"确认"键，仪器首先开始调零（10 s），并进入发动机预热阶段。

b. 按显示屏提示驾驶员应把发动机速度"加速→3 500 r/min"，并注视显示屏的转速值变化。

c. 当速度达到 3 500 r/min 时，按屏幕提示"保持 3 500 r/min"，注意倒计时提示，驾驶员应将 3 500 r/min 转速保持到倒计时结束。

d. 发动机完成预热，进入高怠速下的排放测量阶段，显示屏提示"请减速到 2 500 r/min"。见此提示，驾驶员应将发动机减速，注意转速值的变化，直到转速降到 2 500 r/min 左右为止，并保持在 2 500 r/min±50 r/min。与此同时，操作者要把取样探头插入排气管内，插入深度应为 400 mm。

e. 当显示屏出现"怠速→"提示时，驾驶员应将被测车辆减速。当转速下降到 1 100 r/min 以下时，显示屏下方的提示会改变为"保持→怠速"并有倒计时提示。

f. 取样倒计时结束时，即表示怠速下的排放测量完毕，显示屏会显示测量结果，操作者只要按照显示屏下方的提示操作,即可实现"打印"测量数据,按"返回"键退出本次测量,再按一次"返回"键退到主菜单。

g. 每次测量结束后,应将取样探头从排气管中拔出,从发动机上取下转速传感器夹并拔出油温传感器探头。

(4) 数据查询。

按"功能"键仪器自动调零,再按"功能"键返回菜单;按"→"或"↓"键把光标移动到"数据查询"位置;按"确认"键进入"数据查询"模式,依照提示按"↓"或"→"键查询以往检测数据;按"功能"键返回菜单。最后将检测结果填入表 3-1-8 中。

表 3-1-8 汽车双怠速法排气污染物测试

车辆信息:					
排气污染物	过量空气系数	低怠速		高怠速	
		CO/%	HC/($\times 10^{-6}$)	CO/%	HC/($\times 10^{-6}$)
测试结果	—				
限值	1±0.03				
判定结果	—				
判定					

4) 检测中应注意的事项

(1) 仪器必须与接地电源连接,避免触电,在打开电源之前,应确保电源电压是正常的。

(2) 不能将仪器放在汽车挡泥板或其他有振动的地方,以免仪器掉落下来。

(3) 切不可让水、灰尘或其他非气态物质进入仪器,否则过滤器会堵塞,从而污染仪器内部器件,导致仪器不能正常测量。

(4) 在通风良好的地方操作仪器,将一条内径 15 mm、长 3~5 m 的聚氯乙烯管接到仪器后板的排气口,将仪器排出的废气引到室外安全的地方,以防止操作者吸入 CO 而发生中毒事故。

(5) 不要在温度过高、过低或温度变化剧烈的环境中使用仪器;不要将仪器直接暴露在阳光下;仪器工作的环境温度为 0 ℃~40 ℃。

(6) 取样探头、测试装置及导线、手、衣服、头发和其他物体必须避开汽车的运动部分,如风扇叶片、传送链等。

(7) 测量油温、转速时,传感器的引线切勿与汽车的高温部位接触,以防导线绝缘部分受热熔化。

2. 汽油车稳态工况法检测

1) 任务实施目标

(1) 能正确使用 NHA-504 废气分析仪、NHC-03 A 底盘测功机对汽油车尾气进行检测。

(2) 能对检测结果进行正确分析。

2) 任务实施所需设备及准备

（1）稳态工况法（ASM）主要使用的仪器有 NHA–504 废气分析仪和 NHC–03 A 底盘测功机。

（2）检测前的准备。

① 检测设备准备。

a. 将控制柜、底盘测功机和流量计等设备通电。

b. 接通控制柜电源，按下启动按钮或键入启动密码后计算机自行启动，并显示系统启动界面。

c. 在用户登录框内输入用户名和密码，单击"登录"按钮进行用户身份校验。用户成功登录后进入系统主界面，如图 3-1-24 所示。

图 3-1-24　系统主界面

d. 主界面有系统自检、排放检测等六项功能。在排放检测前必须进行系统的自检。系统自检是指检测前对所有检测设备的自检。系统检查只有全部完成并通过后，才能进行排放检测，自检每天只做一次。如果还没有做完，或者自检的项目没有全部通过，则不能进行排放检测。

底盘测功机自检只在第一次启动时进行，完成后不必再次进行。废气分析仪自通电启动起自动进行预热，预热时间为 30 min，期间无须人工干预。在完成废气分析仪预热和自检后，即可进行流量分析仪的自检操作。

单击主界面"系统自检"按钮，进入"系统自检"界面，如图 3-1-25 所示。

系统自检项目包括：底盘测功机、废气分析仪、不透光烟度计和流量分析仪的通信情况、预热情况、日常标定有效期和周期检定有效期等。单击各检测项目按钮，直到每个项目左侧打钩为止，然后单击"退出"按钮，进入系统主界面。

② 被检测汽油车的准备。

引车员必须熟悉被检车辆的驱动方式（前驱或后驱）。如果是四轮驱动，要切换为两轮驱动；如果不能切换为两轮驱动，则不能进行检测。

操作员升起测功机举升器，引车员把车辆开到测功机上，确定驱动轮置于测功机滚筒上。如果是前驱车，拉紧驻车制动，然后确认被检车辆已经摆正。这是第一次摆正。如果没有摆正，要重新调整车辆，直到摆正为止。车辆驶上测功机后，操作员降下测功机举升器，引车员驾驶车辆低速运转，让车辆自然走直，不再左右摆动。这是第二次摆正。如果车辆走直不再摇摆后，偏离了摆正位置，要重新调整车辆，直到摆正并且不摇摆后，才能继续进行检测。

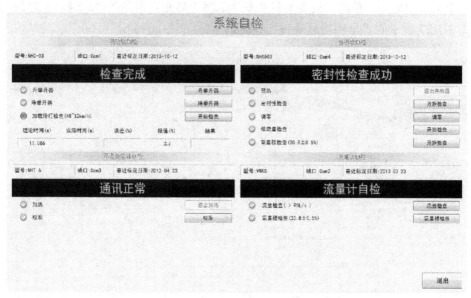

图 3-1-25 "系统自检"界面

车辆完成摆正后,把车轮垫子垫到非驱动轮上,并把测功机的限位器安装上。另外,检测前应使被测汽油车运转达到正常使用温度。

3) 任务实施步骤

ASM 工况法测试过程:

(1) 仪器准备。在完成系统检查后,在主界面单击"排放检测"按钮进入"设备准备和车辆选择"界面,如图 3-1-26 所示。

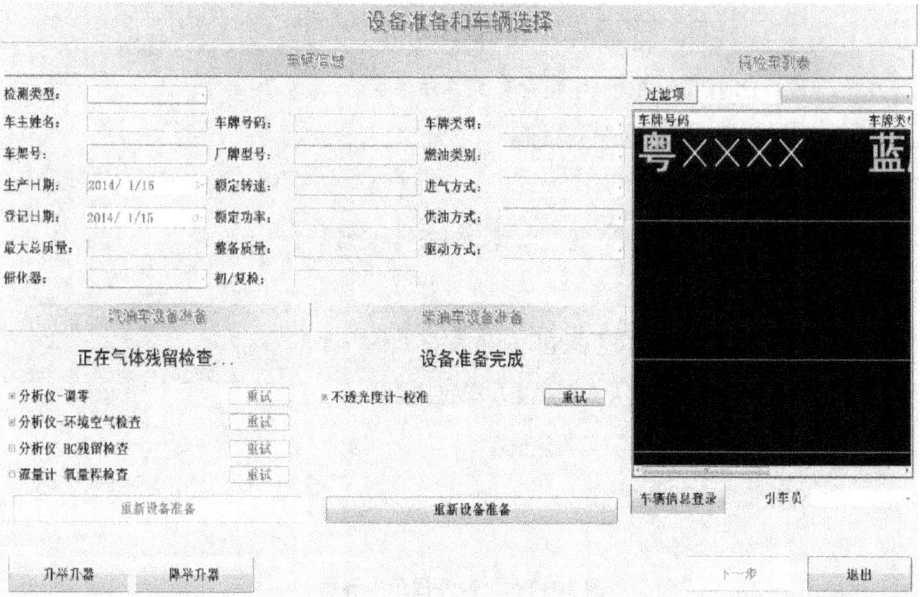

图 3-1-26 "设备准备和车辆选择"界面

进入该界面后,设备进行测试前的准备,并对分析仪进行调零、残留检查等准备工作。

（2）车辆信息输入。单击"设备准备和车辆选择"界面右下角的"车辆信息登录"按钮，进入如图 3-1-27 所示的"车辆信息录入"界面。

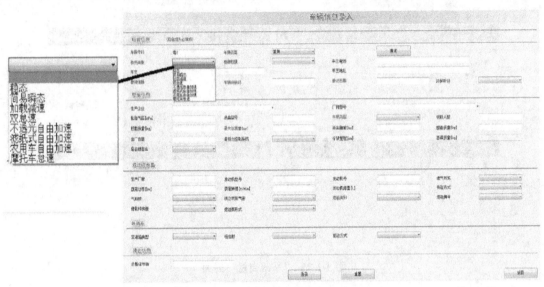

图 3-1-27 "车辆信息录入"界面

在该界面输入被检车辆信息，其中检测类型选择"稳态"。信息输入完毕后，单击最下方的"登录"按钮，返回"设备准备和车辆选择"界面，则在"设备准备和车辆选择"界面右侧的"待检车列表"栏中增加了刚输入信息的车辆。

（3）车辆检测。在"待检车列表"栏中双击所需检测的车辆，进入"检测提示"界面，如图 3-1-28 所示。按照提示内容再次确定检测车辆安置是否安全。

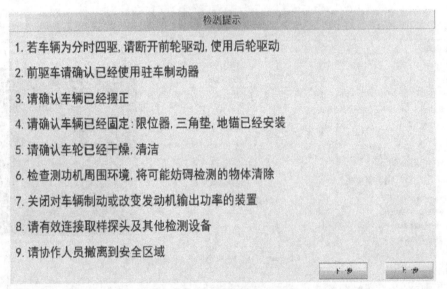

图 3-1-28 "检测提示"界面

确定无误后单击"下一步"按钮，进入"稳态排放检测"界面，如图 3-1-29 所示。

操作界面主要包括：三个表盘、两个信息标签、一个当前状态标签和操作按钮。

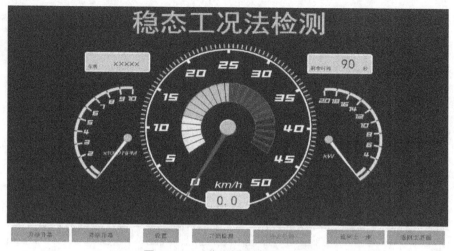

图 3-1-29 "稳态排放检测"界面

操作界面说明：

左上方标签显示当前车辆车牌号码；

左下方表盘显示当前车辆发动机实时转速；

右上方标签显示测试剩余时间；

右下方表盘显示实时加载功率；

中间上方标签显示提示信息；

中间表盘显示当前实时车速。

该表盘显示信息还包括目标车速区间、当前工况、当前稳定状态和车速数字值。

进入该界面之后，引车员等待操作员的指示把取样探头插好，然后返回驾驶座位，等待检测正式开始，并按照驾驶员助手仪上的详细指示操作车辆。确定车辆处于怠速状态，并且底盘测功机滚筒速度为零后，单击"开始检测"按钮，进行检测，引车员按照界面提示进行操作。如果检测过程中需要提前结束检测，则按"停止检测"按钮，检测将中断，所有数据被放弃。

在测试期间需注意：

若分析仪检测到样气中 CO 与 CO_2 的浓度之和小于规定值，测试中止，该次排放测试结果无效，需重新开始测试；或者由于引车员操作不当导致车速超差或加载功率超差，测试中止，测试需重新进行。再次开始测试前，必须使底盘测功机滚筒完全处于静止。全部检测工况结束后，系统对排气取样进行数据分析并在屏幕上显示分析结果，同时将结果保存在主机并输出到打印机上。测试结束后，引车员将取样探头拔下，把限位器、车轮垫子也撤走。等操作员升起举升器后，引车员把车辆驶离测功机。如果不连续进行检测，应将鼓风机的电源也切断。

（4）测试数据查询。自试验正式开始，控制系统就开始记录每一秒的试验数据（包括排放浓度、车速和加载功率等），测试的所有过程数据和结果数据都要保存在数据库中。

在系统主界面中单击"数据管理"按钮即进入"数据管理"界面，在界面左边有三个子菜单，单击"检测数据查询"按钮，然后输入检测时间或者检测车辆信息就可以查询到所需要的检测车辆列表，单击所需查询的检测车辆，在下方即列出实时检测数据和最终检测结果，如图 3-1-30 所示,并填入汽车稳态工况法排气污染物测试表 3-1-9。

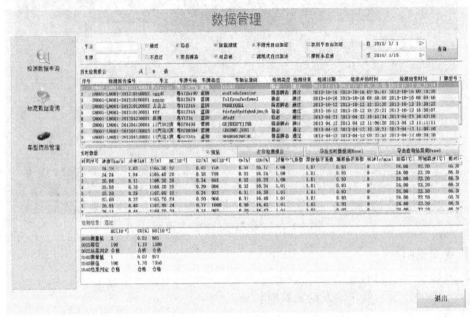

图 3-1-30　数据查询

表 3-1-9　汽车稳态工况法排气污染物测试

车辆信息:						
排气污染物	HC/（×10⁻⁶）		CO/%		NO/%	
	5 025	2 540	5 025	2 540	5 025	2 540
测试结果						
限值						
判定结果						
判定						

（5）系统其他功能。系统除了"系统自检""排放检测"和"数据管理"外,还有"日常标定""培训演示"和"系统管理"三项内容。

"培训演示"主要是演示各种检测方法的操作过程。

"系统管理"则是对登录账号、密码等系统内容进行管理,如图 3-1-31 所示。

"日常标定"是对各设备仪器进行标定。设备长期使用后精准度会下降,所以需要进行标定。一般三个月或者半年进行一次日常标定,其标定界面如图 3-1-32 所示。具体的标定过程按系统提示进行,建议由生产厂家进行标定。

4）检测应注意的事项

（1）系统检查项目必须全部通过,才能进入"排放测试"界面。

（2）检漏和调零是每次通电预热后的必要步骤。当废气分析仪预热完成后,必须按顺序进行检漏和调零操作。进行检漏时,应先把取样探头用小红帽堵住。

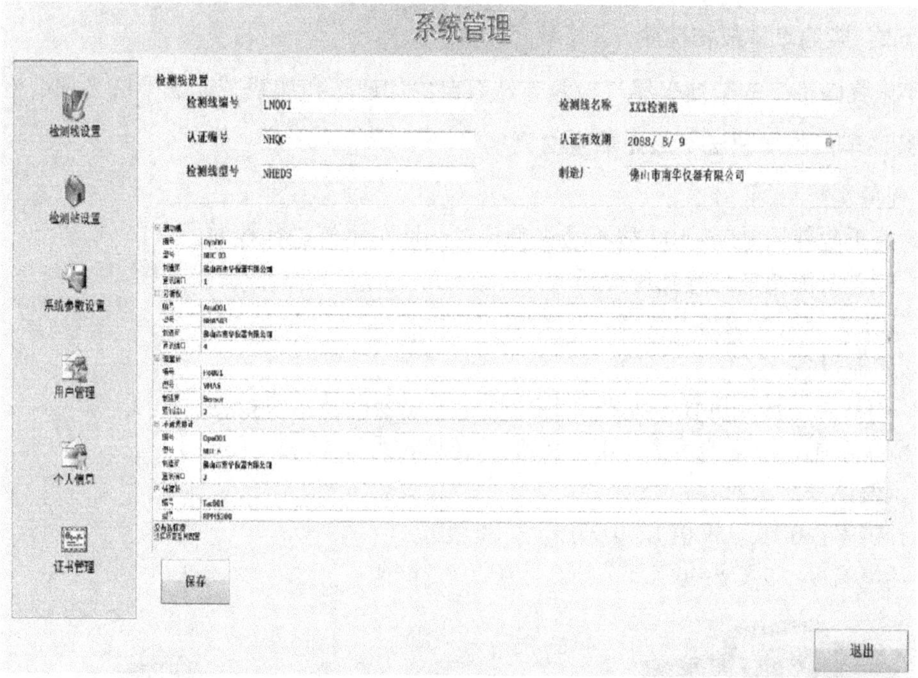

图 3-1-31 "系统管理"界面

图 3-1-32 "日常标定"界面

（3）如果前驱车辆在测功机上运转时左右摇摆剧烈，应使用地锚把车辆固定后才可进行检测，这种情况一般发生在左、右轮胎气压不平衡的汽车上。

（4）检测过程中，引车员应注意车辆运行状态是否正常，切记不要随便转动转向盘，特别是检测前驱车辆时。

（5）检测结束时取样探头温度较高，拔下来时要小心。

3.1.6.2 柴油车排放物检测

近年来我国推广的柴油车尾气检测方法有自由加速法和加载减速法不透光烟度检测。

1. 柴油车自由加速法不透光烟度检测

1）任务实施目标

（1）能正确使用FTY-100型不透光度计对柴油车尾气进行检测。

（2）能对检测结果进行正确分析。

2）任务实施所需设备及准备

（1）所需设备。

FTY-100型不透光度计，如图3-1-33所示，主要的技术参数为：

① 测量范围：不透光度N，0~99.9%；光吸收系数k，0~16 m^{-1}。

② 示值误差：±2%。

③ 分辨率：0.1%（N值），0.001 m^{-1}（k值）。

④ 环境温度：5 ℃~40 ℃。

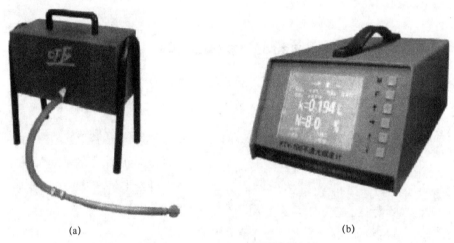

图3-1-33　FTY-100型不透光度计
（a）光学平台；（b）显示仪

⑤ 相对湿度：0~95%。

⑥ 输出：RS232 C或RS485。

⑦ 电源：AC 220×（1±10%）V，50×（1±1%）Hz。

⑧ 质量：测量单元，4.5 kg；控制单元，3 kg。

（2）检测前的准备。

① 接好光学平台（即测量单元）和显示仪表的电源线，以及两者之间的通信电缆。

② 在确保采样管不在汽车排气管中，而且仪器采样管道内没有黑烟的情况下接通电源。

③ 仪器预热。仪器接通电源后即自动预热，预热界面如图3-1-34所示，直到仪表显示"预热完成"再进行下一步操作。

④ 线性校正。预热完成后，仪器自动进行线性校正，目的是确保测量准确。

⑤ 起动汽车，进入稳定怠速状态。

3）任务实施步骤

（1）仪器预热和校正结束后自动进入"测量"界面。此时可根据屏幕提示，在"测量""稳态""加速""菜单"各界面之间切换。主菜单界面如图3-1-35所示。

（2）将取样探头插入汽车排气管内。

图 3-1-34　预热界面

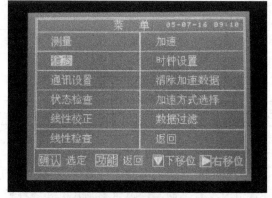

图 3-1-35　主菜单界面

（3）一般测试：在屏幕"测量"状态下，可以随时测量发动机排气可见污染物的 k 值和 N 值，注意观察数值的大小和变化。

（4）稳态测试：在屏幕"稳态"状态下，可以测量发动机稳定工况下排气可见污染物的 k 值和 N 值。此时按"→"键开始测量，再次按"→"键即停止测量。屏幕上显示测量过程中 k 和 N 的最大值。稳态测试常用于"加载减速"工况的测试，测试需要在底盘测功机上进行。

（5）加速测试：对应于自由加速工况法，这是目前检测站主要使用的检测方法。根据屏幕提示，切换到"菜单"界面，按屏幕提示选定"A 加速方式选择"项，按"M"键，可在"自动"与"手动"测量模式之间切换。

先选定"手动"模式，进入"加速"测试界面后，如图3-1-36所示，按"触发"键，随后即踩下加速踏板使发动机自由加速。仪器将记录加速过程中光吸收系数 k 和不透光度 N 的最大值。

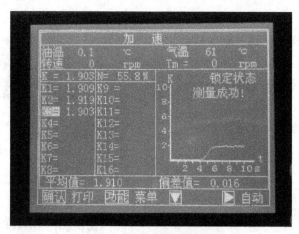

图 3-1-36　加速测量界面

选定"自动"选项,进入"加速"测试界面后,即可踩下加速踏板使发动机自由加速。此过程中仪器被自动触发,测量加速过程中 k 和 N 的最大值。在连续测试 6 次之后,仪器会自动给出测试结果 k 值的平均值。

(6)记录各种工况下的测试结果,填入表 3-1-10,尤其是自由加速过程中的数据。

表 3-1-10 自由加速法不透光烟度检测数据

车辆信息:									
内容	测量值/(m^{-1})						平均值/(m^{-1})	限值/(m^{-1})	合格判定
	1	2	3	4	5	6			
不透光度									
滤纸烟度									

4)检测中应注意的事项

(1)接通电源之前以及进行线性校正时,均应确保采样管不在汽车排气管中,而且仪器采样管道内没有黑烟,否则会影响开机和线性校正时的校正结果。

(2)加速测试时,一定要等到某次测量结束、已经显示测量结果曲线后,再进行下一次测试。

(3)取样探头应伸入排气管内约 30 cm(排气管有弯曲时,应尽可能深入管内),探头应位于排气管内烟气分布较均匀处。

(4)测量结束,应先停下发动机,将探头从排气管中取出,待测量显示数据降低到 0 时关闭仪器电源。

5)日常维护

(1)仪器使用时应放置在平坦的地面或桌面,注意线缆连接,防止跌落损坏。

(2)仪器使用电压应是标准 AC 220 V 电源,并应在自动完成自检和预热后使用。

(3)使用中应按照规范的测试方法进行。

(4)仪器必须与接地电源连接,避免触电。在打开电源之前,应确保电源电压是正常的。

(5)不要擅自打开或拆卸仪器。

(6)仪器使用一段时间时,检测器下方两孔侧的透镜会有黑烟黏附,此时用洁净软布小心擦拭至洁净即可。

2. 柴油车加载减速法不透光烟度检测

1)任务实施目标

(1)能正确使用相应检测设备对柴油车尾气进行检测。

(2)能对检测结果进行正确分析。

2)任务实施所需设备及准备工作

(1)所需设备:NHT-6 型不透光烟度计、NHC-03 A 底盘测功机。

烟度计采用 NHT-6 型不透光烟度计,如图 3-1-37 所示。

图 3-1-37 NHT-6 型不透光烟度计

NHT–6 型不透光烟度计的主要技术参数如下：
① 测量范围：不透光度 N，0～99.9%；光吸收系数 k，0～16.0 m^{-1}。
② 分辨力：不透光度 N，0.1%。
③ 示值误差：不透光度 $N×$（1±2.0%）。
④ 电源：AC 220×（1±10%）V，（50±1）Hz。

（2）检测前的准备。柴油车加载减速不透光烟度法检测前，车辆的准备及仪器的准备与汽油车工况法检测前的准备相同。

3）任务实施步骤

进入系统主界面后，依次对仪器预热、系统自检和输入检测车辆的信息等进行操作，最后进入加载减速工况法检测界面，如图 3-1-38 所示。

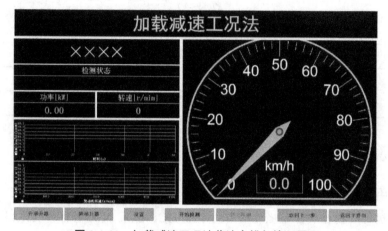

图 3-1-38　加载减速工况法柴油车排气检测界面

操作界面与测试实时信息有关的主要分为四个部分：一个表盘、两个实时坐标、一个当前状态标签和两个发动机状态。

右边表盘显示当前车辆实时速度；

左上方显示当前状态标签，即显示烟度检测的当前状态；

左中上方表盘显示当前车辆发动机实时转速和功率；

左中下方显示加载功率、车速、加载力与时间的关系曲线；

左下方显示加载功率、光吸收系数与发动机转速的关系曲线。

正式进行排放检测之前，发动机处于怠速状态，变速器置于空挡位置，确认发动机怠速转速为 600～1 000 r/min，底盘测功机滚筒速度为零，并确认测试参数已设置好。默认的参数设置内容为：与速度成正比的小负荷功率设置为 10 kW，车速扫描范围为 80%，功率扫描阶段车速稳定时间为 3 s，烟度检测阶段车速稳定时间为 3 s，功率扫描阶段采样时间为 5 s，烟度检测阶段采样时间（s）和力矩间隔（N·m）或速度间隔（km/h）。若自动标定通不过，可单击"重试"按钮重新开始。

引车员等待操作员的指示把取样探头插好，然后返回驾驶座位，等待检测正式开始，并按照驾驶员助手仪上的详细指示操作车辆。

确定车辆处于怠速状态，并且待底盘测功机滚筒速度为零后单击"开始检测"按钮，系统将弹出提醒窗口，车速和转速稳定后单击"确定"按钮。

速度和转速稳定并单击"确定"按钮后，系统自动开始功率扫描；自试验正式开始，控制系统就开始记录每一秒的试验数据（包括排放烟度值、车速和加载功率等）。

检测结束后，系统对取样进行数据分析并显示分析结果，同时将结果输出到打印机上，并将测试结果填入表 3-1-11，这时引车员把取样探头拔下，接着把限位器、车轮垫子撤走。等操作员升起举升器后，引车员把车辆驶离测功机。如果不连续进行检测，应把鼓风机的电源也切断。检测结束时取样探头温度较高，拔下来时要小心。

表 3-1-11 加载减速法不透光烟度检测数据

车辆信息：				
内容	K/（m^{-1}）			实测最大轮边功率/kW
	100%点	90%点	80%点	
测试结果				
限值				
判定				

3.1.7 知识能力拓展

——汽油车尾气检测结果分析

汽车发动机可燃混合气在燃烧过程中会产生 HC、CO、NO_x 等有害气体和 CO_2、H_2O、O_2 等无害气体。由于尾气成分与发动机的工况有最直接的联系，所以通过汽车尾气的检测可初步分析发动机的工作状况、性能好坏，可以检查包括燃烧情况、点火能量、进气效果、供油情况和机械情况等诸多方面。更为重要的是，当发动机各系统出现故障时，尾气中某种成分必然偏离正常值，通过检测发动机不同工况下尾气中不同气体成分的含量，可判断发动机故障所在的部位。尾气分析主要内容有混合气空燃比、点火正时及催化器转化效率等，主要分析的参数有 CO、HC、CO_2 和氧（O_2），还有空燃比（A/F）或相对空燃比（λ）。NO_x 常发生在高温大负荷的情况下，在没有底盘测功机时只能靠路试去测量，在此不作分析。

（1）HC 的读数高，说明燃油没有充分燃烧。

气缸压力不足、发动机温度过低、油箱中油气蒸发、混合气由燃烧室向曲轴箱泄漏、混合气过浓或过稀、点火正时不准确、点火间歇性不跳火、温度传感器不良、喷油嘴漏油或堵塞、油压过高或过低等因素都将导致 HC 读数过高。

（2）CO 的读数是零或接近零，则说明混合气充分燃烧。

CO 的含量过高，表明燃油供给过多、空气供给过少，燃油供给系统和空气供给系统有故障，如喷油嘴漏油、燃油压力过高、空气滤清器不洁净。其他问题，如活塞环胶结阻塞、曲轴箱强制通风系统受阻、点火提前角过大或水温传感器有故障等。CO 的含量过低，则表明混合气过稀，故障原因有：燃油油压过低、喷油嘴堵塞、真空泄漏和 EGR 阀泄漏等。

（3）CO_2 是可燃混合气燃烧的产物，其含量高低反映出混合气燃烧的好坏，即燃烧效率。可燃混合气燃烧越完全，CO_2 的读数就越高，混合气充分燃烧时尾气中 CO_2 的含量达到峰值13%～16%。当发动机混合气出现过浓或过稀时，CO_2的含量都将降低。当排气管尾部的CO_2低于12%时，要根据其他排放物的浓度来确定发动机混合气的浓或稀。燃油滤芯太脏、燃油油压低、喷油嘴堵塞、真空泄漏、EGR阀泄漏等将造成混合气过稀。而空气滤清器阻塞、燃油压力过高，都可能导致混合气过浓。

（4）O_2的含量是反映混合气空燃比的最好指标，是最有用的诊断数据之一。

可燃混合气燃烧越完全，CO_2的读数就越高；与此相反，燃烧正常时，只有少量未燃烧的O_2通过气缸，尾气中O_2的含量应为1%～2%。O_2的读数小于1%，说明混合气过浓；O_2的读数大于2%，表示混合气太稀。导致混合气过稀的原因有很多，如燃油滤芯太脏、燃油油压低、喷油嘴堵塞、真空泄漏、EGR阀泄漏等。而空气滤清器阻塞、燃油压力过高等都可能导致混合气过浓。

当CO、HC浓度高，CO_2、O_2浓度低时，表明发动机混合气很浓。HC和O_2的读数高，则表明点火系统工作不良、混合气过稀，容易引起失火。

利用功率平衡试验和尾气分析仪的读数，可以知道每个缸的工作状况。如果每个缸CO、CO_2的读数都下降，HC、O_2的读数都上升，且上升和下降的量都一样，表明各缸都工作正常。如果只有一个缸的变化很小，而其他缸都一样，则表明这个缸点火或燃烧不正常。另外，当四缸发动机中有一缸不工作时，其浓度将上升到4.75%～7.25%；若有两缸不工作，则会上升到9.5%～12.5%。

1. 汽车排放的污染物主要有：一氧化碳（CO）、碳氢化合物（HC）、氮氧化合物（NO_x）、微粒物和硫化物等。
2. 汽油车排放限值按国标GB 18352.3—2005《轻型汽车污染物排放限值及测量方法（中国Ⅲ、Ⅳ阶段）》和GB 18352.5—2013《轻型汽车污染物排放限值及测量方法（中国第五阶段）》执行，其中GB 18352.5—2013已于2018年1月1日起正式实施。
3. 我国在用车的汽油车排气污染物检测方法大体可分为不加载试验（怠速法与双怠速法）、加载试验（稳态工况法、瞬态工况法、简易瞬态工况法）两大类，常用双怠速法、稳态工况法进行检测。
4. 柴油车排放限值按GB 3847—2005执行。
5. 我国在用车的柴油车排气污染物检测方法主要采用自由加速法和加载减速法不透光烟度检测。

一、选择题

1. 汽车发动机排出的有害物质中，（　　）在一定浓度下，由于对于光的吸收作用能使大气着色，从而明显地降低大气能见度，影响地下或空中交通。

　　A. CO　　　　　　　B. HC　　　　　　　C. NO_2　　　　　　D. NO

2. 汽油机排出的氮氧化合物中，（　　）占99%。

　　A. CO　　　　　　　B. CO_2　　　　　　C. NO_2　　　　　　D. NO

二、判断题

1. 五气体分析仪用于测量尾气中 CO、HC、NO_2、NO、CO_2 的含量。（　　）
2. 汽车急减速时 CO 的排放量是各种速度工况中最严重的。（　　）
3. 五气体分析仪测得气体的单位均为 10^{-6}。（　　）
4. 车辆尾气测量取样探头插入深度为 500 mm。（　　）

三、简答题

1. 试分析柴油机排气管冒白烟的原因。
2. 说明双怠速测试时高怠速的具体含义。

任务 2　检测汽车噪声

1. 了解汽车噪声的产生原因。
2. 能正确检测车内噪声及检测车辆定置噪声。

能力目标	知识要点	权重
知晓汽车噪声的来源	噪声产生的位置	10%
能正确查找最新的汽车噪声国家标准	汽车噪声法规的限值	20%
掌握噪声检测设备的工作原理	噪声检测设备的工作原理	20%
掌握目前汽车噪声检测的方法	车内噪声的检测、车辆定置噪声的检测	50%

引例

一辆 2010 年沃尔沃 XC60，行驶超过 7 年，对其进行汽车定置噪声的检测，并分析是否合格。

3.2　相关知识

3.2.1　检测车内噪声

1. 噪声检测的必要性

噪声是一种杂乱的声波，城市环境噪声的来源主要是工业（工厂和建筑工地）、交通（各种车辆）和日常生活等。其中，交通运输产生的噪声影响最大，而机动车噪声又占交通噪声的80%左右。随着城市道路交通事业的迅速发展，机动车拥有量日益增多，其噪声干扰越来越大，已成为一种公害。

噪声对人的身体和心理都是有害的。它会影响人的精神和情绪，引起头晕、耳鸣、疲乏、失眠、心慌、血压升高等症状，严重时还会导致耳聋。据统计，当环境噪声大于 45 dB（分贝，是测量声音的单位）时，人会感到明显不适；当噪声达到 60～80 dB 时，会影响睡眠；当超过 90 dB 时，就会对身体健康产生明显影响。所以噪声也是一种环境污染。

1）与声音有关的基本概念

（1）声波。

当声源振动时，声音以波的形式在弹性媒体（气体、液体或固体）中传播，形成声波。

（2）声音的频率范围。

人耳可以听到的声音频率为 20～20 000 Hz。频率越高，声音就越尖锐；频率越低，声音就越低沉。

例如：打鼓的声音频率约 100 Hz；人讲话的声音频率为几百 Hz；高音和乐器声音的频率为 1 000～4 000 Hz；尖叫的声音可能超过 4 000 Hz。

频率低于 20 Hz 的声音称为次声，高于 20 000 Hz 的声音称为超声，都是人耳听不到的声音。

（3）声音的频率成分。

如果用仪器记录下某种声音的波形（见图 3-2-1），会发现它并不是简单的正弦波。

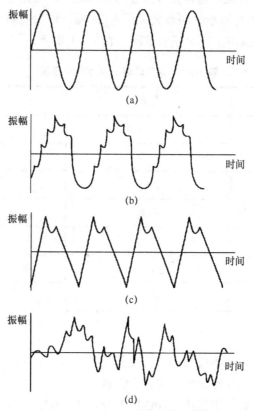

图 3-2-1 纯音、乐音和噪声的波形

（a）纯音；（b）小提琴的乐音；（c）小号的乐音；（d）噪声

一般的声音都是由许多不同频率的声波合成的，或者说一种声音具有多种频率成分。人们能够区别各种不同的声音，就是因为它们具有不同的频率成分。

根据声音的频率成分，可以将声音分为以下三类：

① 纯音。纯音只具有单一频率，其声波就是正弦波。实际上只有很少的物体（如音叉）可以发出纯音。纯音听起来很单调。

② 乐音。乐音是乐器或歌唱家发出的比较悦耳的声音。乐音具有决定音调的主要频率（称为基波频率）和其他较高的频率成分（称为谐波频率）。乐音的波形有一定规律。

③ 噪声。噪声是由多种声源发出的声音混合而成的、杂乱无章的声音。声音大小和音调都没有一定的规律，所以相应的波形也无一定规则，含有大量谐波成分而不含基波频率。

噪声会使人反感。凡是使人心烦或影响人的情绪的，都可以看作噪声。例如，需要安静地学习、工作或休息的人会把附近大声播放的音乐视为噪声。

（4）声压。

声波对介质造成的压力称为声压，即单位面积上的作用力。

声压远小于大气压。一般声压的范围为 $2×10^{-5}$～20 Pa，而大气压大约为 100 kPa，即 10^5 Pa。声压越大，声音也越大。

对于 1 000 Hz 的纯音来说，正常人耳能够感受的最小声压为 $2×10^{-5}$ Pa，称为基准声压或听阈声压，用 P_0 表示。人耳能承受的最大声压为 20 Pa，称为痛阈声压，这样大的声音会使人耳感到震痛。常见环境或声源的声压级范围如表 3-2-1 所示。

表 3-2-1 常见环境或声源的声压级

环境或声源	位置	声压级/dB（A）
城市居民区夜间		约 40
安静的办公室		40～45
嘈杂的场所		65～75
繁忙的交通路口	中间	75～80
拥挤的公共汽车内	中间	约 85
汽车喇叭	2 m 处	90～115
大型柴油机	旁边	120

（5）人耳的听觉特性。

人感受到的声音实际大小不仅与声音的强弱（声压级）有关，还与声音的频率有关。事实上，人耳对声音的高频成分比对低频成分更敏感。

例如人对频率 3 000 Hz、声压级 25 dB 的声音与 1 000 Hz、30 dB 的声音以及 100 Hz、45 dB 的声音，听起来"大小"都差不多。这样看来，要评价噪声对人的影响还要考虑人的主观感觉因素。为此，需要对测量噪声的仪器的频率响应特性做出一些修正，主要就是将频率响应特性的低频部分做一定的衰减，使仪器的频率特性接近于人耳听觉的频率特性。这种对仪器频率特性的人为处理方法称为"频率计权"。

根据对低频衰减情况的不同，计权分为 A、B、C 三种，其中 A 计权对声音低频部分衰减最多，C 计权衰减最少。测量噪声声压级时常用 A 计权。国家标准规定，在测量汽车噪声时也要使用 A 计权。这是因为研究表明，对于大多数的噪声而言，用 A 计权比其他计权能够更接近人耳的听觉响应特性。

2）影响声音大小的因素

（1）与声源的距离。

显然，人或测量仪器与声源的距离越近，感受到的声音越大；距离越远，声音越小。所以测量噪声时要与声源保持规定的距离。

（2）大气条件。

声波在空气中传播时，其能量会被空气吸收一部分。实验证明，空气吸收的能量与声波的频率、大气温度、湿度和风向等因素有关。例如在有风的条件下，当风向与声音传播的方向相同时，测量的声音要比方向相反时大一些。

（3）环境声压的影响。

人们平时听到的声音，大多是周围环境中多种声源发出声音的综合效果。例如，在非常嘈杂的环境中往往听不清某个人的讲话。同样，在测量某一种声音时，也可能会受到其他声源的影响而测不准。

2. 汽车噪声的产生

从声源角度看，汽车噪声主要可以分为以下几个方面：发动机噪声、车身与底盘部分噪声、喇叭噪声等。

1）发动机噪声

发动机系统是汽车最主要的噪声源。发动机噪声主要来自以下部分。

（1）进气噪声。

进气噪声由进气门快速周期性开闭、振动周围气体而产生。发动机转速越快，进气噪声也越大。

（2）排气噪声。

排气噪声是发动机噪声中最主要的部分。当排气门开启时，高温高压的废气从气缸排出，压力突然减小，形成气流冲击。由于排气门的周期性开闭与活塞往复运动的影响，气流会产生很大的压力波，也就形成了很大的噪声。如果没有排气管消声器，这种噪声可达 120～130 dB。安装了排气管消声器后，排气噪声已显著减少（会减少 20～30 dB）。

随着转速的增加，排气噪声也会增大。

（3）风扇噪声。

风扇噪声也是汽车的主要噪声源之一，主要由风扇叶片旋转振动空气而产生。当转速增加时，风扇噪声也会增大。

（4）燃烧噪声。

当燃气燃烧时，由于气缸内压力迅速周期性变化，也会产生噪声。特别是柴油机工作粗暴，燃烧噪声较大。

（5）活塞敲击噪声。

当活塞上下往复运动时，在上、下止点处所受的侧向推力周期性改变方向，造成活塞冲击气缸而产生敲击噪声。活塞与气缸间的间隙越大，转速越高，这种噪声也越大。

（6）其他。

其他噪声源还有由于气门运动时的撞击形成的气门机构噪声、柴油机喷油时的噪声、齿轮传动噪声等。

2）车身与底盘部分噪声

车身与底盘部分噪声主要包括以下几部分。

（1）传动噪声。

传动噪声主要是变速器、传动轴等部件运动时发出的噪声。

（2）车身振动噪声。

汽车在凹凸不平的路面上行驶时，会引起车身壳体、门窗等部件振动而产生噪声。另外，发动机的振动也会传递到车身而引起振动，这些振动是车内噪声的主要来源。为了降低车内噪声，需在车内装饰吸声材料，并要对发动机采取有效的隔振措施。

（3）轮胎噪声。

轮胎噪声的产生原因比较复杂，其中一个主要原因是轮胎是弹性体，表面又有花纹，当轮胎在地面上滚动时，花纹内的空气受到周期性挤压与释放，因而产生噪声。

另外，由于轮胎滚动时的弹性变形和路面凹凸不平而引起轮胎本身振动也会产生一种低频噪声。

轮胎花纹的形状、车速、轮胎气压和载荷量等都会影响轮胎噪声的大小。

（4）制动噪声。

制动噪声是由制动时制动器摩擦副之间的摩擦产生的，这是一种刺耳的高频噪声，其频率为 1 000～6 000 Hz。

（5）空气动力噪声。

任何物体快速运动时，都会与空气摩擦，引起空气振动而产生噪声。汽车行驶时，也会带动周围的空气振动，而发出"呼呼"的声音。车速越快，这种声音也越大。

3）喇叭噪声

喇叭噪声在按动喇叭时才出现，其声压级在 90～115 dB。

3. 国家标准对汽车噪声的限制性规定

为了尽量减小汽车噪声对人的危害，国家标准对汽车噪声作出了限制性规定，包括汽车加速行驶时车外噪声、车内噪声以及喇叭声级三方面，相关标准主要有《汽车加速行驶车外噪声限值及测量方法》（GB 1495—2002）、《声学汽车车内噪声测量方法》（GB/T 18697—2002）以及《客车车内噪声限值及测量方法》（GB/T 25982—2010）等。

1）汽车加速行驶车外噪声测量方法

（1）标准限值。

汽车加速行驶，车外噪声的标准限值与车辆类型和生产期限有关，详见表3-2-2。其中，

GVM 指最大总质量（t），P 为发动机额定功率（kW）。

表 3-2-2 汽车加速行驶车外噪声限值

汽车分类	噪声限值/dB（A）	
	第一阶段	第二阶段
	2002.10.1—2004.12.30 期间生产的汽车	2005.1.1 以后生产的汽车
M_1	77	74
M_2（GVM≤3.5 t）或 N_1（GVM≤3.5 t）： GVM≤2 t 2 t＜GVM≤3.5 t	 78 79	 76 77
M_2（3.5 t＜GVM≤5 t）或 M_3（GVM＞5 t）： P＜150 kW P≥150 kW	 82 85	 80 83
N_2（3.5 t＜GVM≤12 t）或 N_3（GVM）＞12 t）： P＜75 kW 75 kW≤P≤150 kW P≥150 kW	 83 86 88	 81 83 84

注：1. M_1、M_2（GVM≤3.5 t）和 N_1 类汽车装用直喷式柴油机，其限值增加 1 dB（A）。

2. 对于越野汽车，当 GVM＞2 t 时：如果 P＜150 kW，其限值增加 1 dB（A）；如果 P≥150 kW，其限值增加 2 dB（A）。

3. M_1 类汽车，若其变速器前进位多于四个，P＞140 kW，P/GVM 之比大于 75 kW/t，并且用第三挡测试时其尾端出线的速度大于 61 km/h，则其限值增加 1 dB（A）。

(2) 测量仪器。

测量用声级计或其他等效的测量系统应不低于 GB 3785 规定的 1 型声级计的要求。测量时应使用"A"频率计权特性和"F"时间计权特性。当使用能自动采样测量 A 计权声级的系统时，其读数时间间隔应不大于 30 ms。

测量前后，必须用符合规定的 1 级声级计校准器按制造厂规定对声级计进行校准。在没有再做任何调整的条件下，如果后一次校准读数相对前一次校准读数的差值超过 0.5 dB，则认为前一次校准后的测量结果无效。

必须选用准确度优于±2%的发动机转速表或车速测量仪器来监测转速或车速，不得使用汽车上的同类仪表。

(3) 测量方法。

测量场地如图 3-2-2 所示。

图 3-2-2 中 AA' 线为加速始端线，BB' 线为加速终端线，本图中车辆应沿中心线从左向右行驶。

噪声测量的传声器布置在离地面高（1.2±0.02）m，距行驶中心线（7.5±0.05）m 处，其参考轴线必须水平并垂直指向行驶中心线。测量时本底噪声（即除汽车之外的声源发出的背景噪声）要比汽车噪声至少低 10 dB。

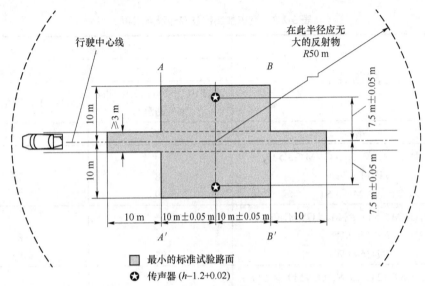

图 3-2-2 测量场地和测量区及传声器的布置

　　汽车的测量速度按汽车质量的不同而有所不同。对于 M_1 和 N_1 类汽车，装用不多于四个前进位的变速器时，应用第二挡进行测量；装用多于四个前进位的变速器时，应分别用第三挡和第四挡进行测量。

　　测量时，汽车应以规定的挡位和稳定速度接近 AA' 线，其速度变化应控制在 ±1 km/h 范围内，或发动机转速变化控制在 ±2% 或 50 r/min 范围内。当汽车前端到达 AA' 线时，必须尽可能迅速地将加速踏板踩到底并保持不变，直到汽车尾端通过 BB' 线时再尽快松开加速踏板。

　　2）车内的噪声测量方法

　　（1）客车内噪声。

　　GB/T 25982—2010 规定了各类客车内噪声限制和测试方法，其限值如表 3-2-3 所示，括号中的 A 就是指 "A 计权"。

表 3-2-3 各类客车内噪声声压极限值

车辆种类			车内噪声声压级限制/dB（A）
城市客车	前置发动机	驾驶区	86
		乘客区	86
	后（中）置发动机	驾驶区	78
		乘客区	84
其他客车	前置发动机	驾驶区	82
		乘客区	82
	后（中）置发动机	驾驶区	72
		乘客区	76

GB/T 25982—2010 中规定的测量条件为：

汽车应在干燥、平直的沥青或混凝土路面的测量跑道上进行测量。测量时沿着测量线在约 1.2 m 高度的风速应不大于 5 m/s，车辆门窗应关闭，车内本底噪声（即除汽车之外的声源发出的背景噪声）要比车内噪声至少低 15 dB。只准驾驶员及测量人员在车内。

测量方法：城市客车分别在二挡 15 km/h 和三挡 35 km/h 时，在节气门全开和加速两种运行工况下测试。其他客车以 90 km/h 的车速匀速行驶，用声级计 A 计权，读取所测最大读数，再取其平均值。

（2）驾驶员耳旁噪声。

GB 7258—2012 规定，驾驶员耳旁噪声声级应不大于 90 dB（A）。

在测量驾驶员耳旁噪声时，车辆应处于静止状态且变速器置于空挡，发动机应处于额定转速状态。声级计放在座位中左侧（200±50）mm，离座位高（750±10）mm 处，传声器朝驾驶员方向（见图 3-2-3）。声级计应采用"A"计权、"快"挡。

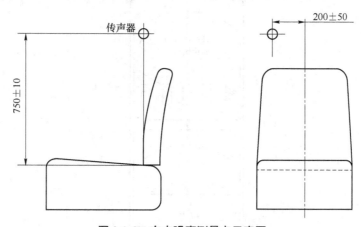

图 3-2-3　车内噪声测量点示意图

3）喇叭声级

GB 7258—2012 规定，机动车喇叭声级应在距离车前 2 m、离地高 1.2 m 处测量，其值应为 90～115 dB（A）。

4. 声级计

声级计是测量声压级大小的仪器。声级计按供电电源种类可以分为交流式和直流（干电池）式。其中直流（干电池）式声级计因操作携带方便，所以比较常用，其外形如图 3-2-4 所示。

作为一种测量仪器，声级计按其测量精度（以测量 1 000 Hz 为基准）可以分为四级：0 级（误差±0.4 dB）、1 级（误差±0.7 dB）、2 级（误差±1 dB）、3 级（误差±1.5 dB）。

声级计组成包括传声器、电子线路（包括放大器、衰减器、计权放大、检波器、对数放大器等）、指示仪表和电源等。其原理框图如图 3-2-5 所示。

以下分别介绍组成声级计的各主要环节。

1）传声器

传声器也称为话筒，是将声压信号转变为电信号的传感器，是声级计中的关键元器件之一。

常见的传声器有晶体式、驻极体式、动圈式和电容式数种。其中电容式传声器是噪声测量中较常用的一种，其结构如图 3-2-6 所示。

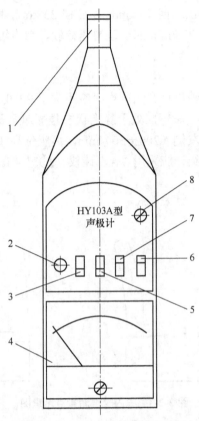

图 3-2-4　HY103A 型声级计外形

1—传声器；2—保持按钮；3—电源开关；4—指示仪表；5—快、慢挡开关；
6—量程开关；7—计权选择开关；8—校准电位器

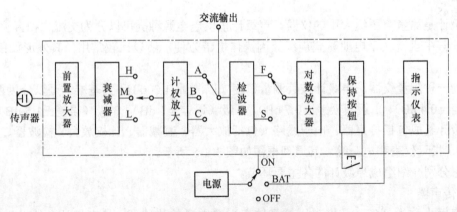

图 3-2-5　声级计原理框图

它主要由金属膜片和靠得很近的金属电极组成，这两者实质上形成了一个平板电容器。在声压作用下，膜片反复出现变形，使两个极板之间的距离不断发生变化，于是极板间电容量也不断改变。这就为所接的输入电路提供了一个交变电信号，信号的大小与声压成一定比例。

电容式传声器优点：动态范围大，频率响应特性好，灵敏度高等，广泛应用于噪声测量。

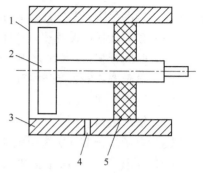

图 3-2-6 电容式传声器结构示意图
1—金属膜片；2—电极；3—壳体；
4—平衡孔；5—绝缘体

2）前置放大器

由于电容式传声器输出信号很小、输出阻抗很高，所以需要通过前置放大器将信号进行放大和实现阻抗匹配。

3）衰减器

衰减器用于调整输出信号的大小，使得显示仪表能够指示到适当的位置。以 HY103 A 型声级计为例，根据衰减程度分为 H、M、L 三挡，从而将测量范围分成 80~120 dB、60~100 dB 和 40~80 dB 三段。用户可根据被测信号的大小选择适当的量程。

4）计权放大

计权放大即计权网络。如前所述，它是将声音信号的低频段进行适当衰减的电路，以便使仪器的频率特性更好地模拟人耳的听觉特性。计权分 A、B、C 三种，有的声级计只有 A、C 两种计权。

5）检波器

在检波器之前的信号还是包含着声音频率成分的交流信号，为了便于仪表指示，信号需经检波器处理（实质就是整流和滤波作用），以便将快速变化的交流信号转换成变化比较慢的直流电压信号。声级计多采用均方根值检波器（或称有效值检波器），其输出信号正比于输入信号（声压）的均方根值。

检波器的输出一般分为快、慢两挡。快挡的平均时间为 0.27 s，慢挡为 1.05 s。快挡用于测量比较稳定的声音，或记录声音的变化；慢挡用于测量起伏波动较大的声音。

6）对数放大器

从检波器输出的信号只是与声压成正比，为了与人耳听觉对声音响应的对数特性相吻合，在电路中设计了对数放大器（或对数转换器），以便信号送到指示仪表后能够以均匀的刻度显示所测声级数值。

7）保持按钮

声级计上有一个保持按钮，在测量最大值时使用。当按下保持按钮时，仪表指示的数值只能升不能降，从而可测某一段时间内声音的最大值。当松开按钮后，自动恢复即时显示。

8）指示仪表

指示仪表有数字式和指针式，以及磁电式指针仪表，有交流输出插孔，装有 3.5 mm 耳机插座，供输出交流线性信号用（非对数信号，仪表满偏时输出电压 AC 1、2 V）。

目前测量噪声的仪器主要是：测量计权声压级的噪声测量仪器。HY104 型声级计是一款便携式的噪声测量仪器，外形如图 3-2-7 所示。它的主要参数有：

（1）测量范围：35~130 dB（A）。

(2) 频率范围：31.5 Hz～8 kHz。

(3) 频率计权：A 计权、C 计权。

(4) 时间计权：F（快）、S（慢）。

(5) 显示器：8×2 点阵字符液晶显示器（或指针仪表）。

(6) 测量方式：LP。

(7) 输出接口：AC、DC。

(8) 电源：一节 9 V 叠层电池。

(9) 外形尺寸：230 mm×72 mm×30 mm。

(10) 质量：200 g。

3.2.2 检测车辆定置噪声

1. 简介

随着人们生活水平的提高、私家车的迅速增长、高速公路的延伸，交通噪声成为主要的噪声源。而对于机动车辆的主要噪声源——排气噪声和发动机噪声，可以根据国际标准 ISO 5130—2007《声学——机动车辆定置辐射噪声的测量》来测量。定置是指车辆不行驶，发动机处于空载运转状态。本方法直接测得的数据不能表征车辆行驶最大噪声级。

图 3-2-7　HY104 型声级计

2. 按 ISO 5130—2007 标准对测量仪器设备的要求

（1）声级计符合 IEC 61672-1 标准 1 级要求且在之前的 24 个月内通过计量院的检定。

（2）声级计在测量使用前后需用声学校准器对其校准，声学校准器需符合 IEC60942 标准且在之前 12 个月内通过计量院的检定。

（3）测量发动机转速的转速计准确度优于或者至少在±2%。

3. 测量条件

（1）测量场地应为开阔的，由混凝土、沥青等坚硬材料所构成的平坦地面，传声器测点及被测机动车周围 3 m 半径内无大的反射物。

（2）标准中对测量至少四轮机动车的发动机目标转速提出了要求：

① 若 $S \leqslant 5\,000$ r/min，则目标转速为额定转速的 75%。

② 若 $5\,000$ r/min$<S<75\,000$ r/min，则目标转速为 3 750 r/min。

③ 若 $S \geqslant 7\,500$ r/min，则目标转速为额定转速的 50%。

注：S 是指生产厂家规定的额定转速。

4. 测量步骤

（1）测量过程中，传声器位置处的背景噪声（包括风的影响）应比被测噪声低 10 dB（A）以上。背景噪声是指车辆以外的噪声。

（2）用延伸电缆将多功能声级计的传声器和前置放大器部分延长出去，测量前注意先用校准器对声级计进行校准，然后将前置级用小三脚架固定，注意保证传声器朝向机动车辆排气口，距离排气口端 0.5 m，与排气口端等高且成 45°夹角，在任何情况下距离地面不得小于 0.2 m，放置位置如图 3-2-8 所示。

（3）测量时，机动车发动机从怠速逐渐加速到测量转速后，保持测量转速至少 1 s，然后尽快减速到怠速，记录下发动机恒转速到减速过程中的最高声级 LAF_{max}。

（4）测量次数。各测点重复进行试验，直到连续出现三个读数的变化范围在 2 dB 之内为止，并取其算术平均值作为测量结果。

（5）数据处理。每次的测量结果应圆整到小数点前一位有效位。最后的算术平均值也应按同一规则进行圆整。

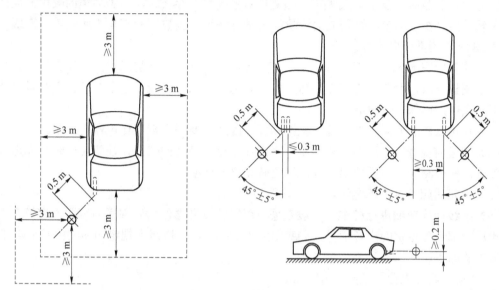

图 3-2-8　测量仪器放置图

3.2.3　任务实施：测量车内噪声

1. 任务实施目标

（1）能正确使用相应检测设备对车内噪声进行测量。

（2）能对检测结果进行正确分析。

2. 任务实施所需设备及准备

（1）所需设备：HY104 型声级计。

（2）检测前的准备。

① 检查电池状态。把三位电源开关置于中间的"Bat"位置，仪表指示电池状态，此时指针应停留在仪表上的"电池"刻度线内，否则应更换电池。

② 检查校准。用声级计校准器检查声级计校准情况。

③ 检查机械零点。用螺钉旋具调好机械零点。

④ 检查量程。根据要测量的噪声大小，预先选择合适的量程范围，使被测噪声不要超出量程。如果无法估计噪声的大小，应先将量程置于"80～120 dB（或最高量程）"。

3. 任务实施步骤

（1）驾驶员耳旁噪声测量。车辆处于静止状态且变速器置于空挡，发动机处于额定转速状态。声级计放在座位中左侧 2 m、离座位高 7.5 m 处，传声器朝车辆前进方向。采用 A 计权，F（快）挡。

（2）喇叭声级测量。在距车前 2 m、离地高 1.2 m 处，声级计传声器正对着车头方向测量。采用 A 计权，F（快）挡。然后按喇叭 2~3 s，保持仪器测量的稳定最大值。

4. 注意事项

（1）噪声测量时，要求本底噪声（指测量对象噪声不存在时，周围环境的噪声）应低于被测车辆噪声至少 10 dB，否则应对测量结果进行修正。当被测噪声与本底噪声的声级之差小于 3 dB 时，测量结果无效。

（2）测量应在无风条件下进行，如果有风应在传声器上加装防风罩，并在上风位置和下风位置各测量一次，取其平均值作为测量结果。另外，在下雨或粉尘多的场合下测量时建议也使用防风罩，以保护传声器。

（3）传声器的金属膜片非常薄，极易损坏，因此不要随意拆下传声器的护罩。

（4）测量前检查应使用的量程范围。声级计是比较精密的仪器，注意使用时事先选择好量程范围，使被测噪声不要超出量程，以免破坏仪表精度。

（5）用完后应及时关掉电源。

（6）声级计应定期进行校准。一般是采用声级计校准器作为外部标准声源，它可产生频率和声压级都十分稳定的声音信号（如频率为 1 000 Hz，声压级为规定的 94 dB 或 104 dB）。校准的方法如下：

① 接通声级计电源，预热 1~5 min。

② 将声级计置于"F"挡，量程范围应能覆盖声级计校准器的声级大小。

③ 将校准器准确地套在声级计的传声器上，启动校准器。此时声级计仪表指示读数应与校准器发出的声级数相同。否则应调节声级计的校准电位器，使二者一致。

④ 关断校准器，使声级计指示回复到零点附近。然后再次启动校准器，重复调整一次。

⑤ 小心地取下校准器。此时声级计已经调好。

本任务小结

1. 人耳可以听到的声音频率为 20~20 000 Hz，频率低于 20 Hz 的声音称为次声，高于 20 000 Hz 的声音称为超声，都是人耳听不到的声音。

2. 汽车噪声主要可以分为以下几方面：发动机噪声、车身与底盘部分噪声、喇叭噪声等。

3. 汽车噪声的测量包括车内噪声的测量和车辆定置噪声的测量。

练习与思考

一、选择题

1. 不至于造成明显的永久性听力损伤，仅使人的听力产生暂时性下降的环境噪声应（　　）dB。

　　A. 小于 80　　　　　B. 80~90　　　　　C. 等于 80　　　　　D. 大于 80

2. 检测车内噪声时，车内环境噪声应（　　）。

A. 小于 60 dB B. 60~90 dB
C. 比车内噪声低 20 dB 以下 D. 比车外噪声低 10 dB 以上

二、判断题
1. 车内噪声测量，通常在人耳附近布置测点，传感器朝车辆后方。（   ）
2. 机动车辆噪声的强度一般都达 80~100 dB，因此对人和环境的危害很大。（   ）

三、简答题
噪声对人体会产生什么影响？

项目四

汽车动力性能检测

发动机是汽车的主要动力来源,发动机的性能好坏是评价一辆汽车性能好坏的主要因素。虽然发动机的可靠性越来越高,但由于其工作条件恶劣,转速与负荷多变,其仍是汽车运行中故障较多的总成,因而也是汽车检测的重点。发动机检测的目的就是掌握被检发动机的技术状况,为维修作业提供科学依据,发现故障,及时排除,保证发动机技术状况良好,确保汽车的正常运行。

任务1　检测发动机功率

1. 了解汽车动力性评价指标及含义。
2. 能够正确使用气缸压力表检测气缸密封性能并对相关数据进行分析。
3. 能够使用检测仪对发动机功率进行检测。
4. 能够通过各项数据分析来评价发动机技术性能。

能力目标	知识要点	权重
能够解释汽车动力性评价指标	汽车动力性评价指标	10%
能正确使用检测仪器	气缸压力表、发动机测功仪、解码仪等	30%
能够通过各项数据分析来评价发动机技术性能	发动机检测项目、标准和检测规范	40%
熟悉发动机检修思路	发动机维护和检修方法	20%

> 引例
>
> 某驾驶员在汽车行驶中,发现汽车加速不良、爬坡无力。请求检修。

4.1 相关知识

4.1.1 汽车动力性能评价

1. 汽车动力性能概念

汽车动力性能:在良好、平直的路面上直线行驶时,由汽车受到纵向外力决定的、所能达到的平均行驶速度。

关键词:

道路——良好路面,即平直路面;

运动——直线行驶;

外力——纵向外力;

能力——所能达到的;

有效性——运输效率,即最基本、最重要的性能。

意义:衡量汽车以最大的平均行驶速度运送货物或客人的能力,就是对运输效率的衡量。

2. 汽车动力性能的评价指标

汽车动力性主要用三个方面的指标来评定:最高车速;汽车的加速时间;汽车的爬坡能力。

(1)最高车速:是指汽车在平坦良好的路面上行驶时所能达到的最高速度。数值越大,动力性就越好。

(2)汽车的加速时间:表示汽车的加速能力,也形象地称为反应速度能力,它对汽车的平均行驶车速有很大的影响,特别是轿车。常用原地起步加速时间以及超车加速时间来表示。

原地起步加速时间 t:指汽车由一挡或二挡起步,并以最大的加速强度(包括选择恰当的换挡时机)逐步换至最高挡后,到某一预定的距离或车速所需的时间。

超车加速时间:指在最高挡或次高挡由某一较低车速全力加速至某一高速所需的时间。

(3)汽车的爬坡能力:用满载时的汽车所能爬上的最大坡度表示。

轿车的最大爬坡度基本上满足使用要求。货车、越野车的最大爬坡度是一个很重要的指标:货车30%或16.7°;越野车60%或31°。

4.1.2 发动机功率检测

发动机是汽车的动力来源,发动机的性能是评价一辆汽车性能好坏的主要因素。发动机经常在转速与负荷大小和方向不断变化的条件下运转,有些零件还处于高温及高压等恶劣条件下,工作条件很不稳定,因而其故障发生率较高,成为检测与诊断的重点对象。

发动机的有效功率是评价发动机动力性的主要指标。发动机的有效功率是指发动机动力输出轴上输出的功率,是发动机的一项综合性能指标,通过检测,可掌握发动机的技术状况,确定发动机是否需要大修或鉴定发动机的维修质量。

1. 发动机功率检测方法

发动机有效功率的检测可分为稳态测功和动态测功两种方法。

1) 稳态测功

稳态测功是指发动机在节气门开度一定、转速一定和其他参数都保持不变的稳定状态下，在发动机试验台上由测功器测试功率的一种方法。通过测量发动机的输出转矩和转速，由下式计算出发动机的有效功率：

$$P_e = \frac{M_e n}{9\,550}$$

式中，P_e——发动机功率（kW）；

n——发动机转速（r/min）；

M_e——发动机输出转矩（N·m）。

稳态测功的结果比较准确、可靠，多为发动机设计、制造、院校和科研单位做性能试验所采用。缺点是费时费力、成本较高，并且需要大型、固定安装的测功器。因而，在一般的汽车运输企业、汽车维修企业和汽车检测站中采用不多。

2) 动态测功

动态测功是指发动机在节气门开度和转速等参数都处于变动的状态下，测试功率的一种方法。由于动态测功时无须对发动机施加外部载荷，所以又称为无负荷测功或无外载测功，如图 4-1-1 所示。其测量原理是：对于某一结构的发动机，它的运动件的转动惯量可以认为是一定值，这就是发动机加速时的惯性负载。因此，只要测出发动机在指定转速范围内急加速时的平均加速度，即可得知发动机的动力性能。或者通过测量某一定转速时的瞬时加速度，就可以确定出发动机的功率大小。瞬时加速度越大，则发动机功率越大。

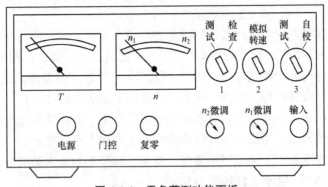

图 4-1-1 无负荷测功仪面板

3) GB 76258—2012 规定

在用车发动机功率不得低于原额定功率的 75%，大修后发动机功率不得低于原额定功率的 90%。

2. 检测步骤

1) 仪器自校、预热

按使用说明书，仪器预热 0.5 h，然后进行自校（无负荷测功仪面板如图 4-1-1 所示）。把计数检查旋钮 1 拨向"检查"位置,左边时间（T）表头指针 1 s 摆动 1 次。把旋钮 1 拨向"测试"位置,把旋钮 3 拨向"自校"位置,再缓慢旋转"模拟转速"旋钮 2,注意转速（n）表头指针慢慢向右偏转（模拟增加转速）。当指针偏转至起始转速 n_1=1 000 r/min 位置时,门控指示灯即亮。继续增加模拟转速至 n_2=2 800 r/min 时,T 表即指示出加速时间,以表示模拟速度的快慢。按下"复零"按钮,仪器表针回零,门控指示灯熄灭,表示仪器调整正常。否则,微调 n_1、n_2 电位器。

2）预热发动机，安装转速传感器

预热发动机至正常工作温度（85 ℃～95 ℃），并使发动机怠速正常，变速器置空挡，把传感器按要求连接在规定部位。

3. 测加速时间

操作者在驾驶室内迅速地把加速踏板踩到底，发动机转速猛然上升，当 T 表指针显示出加速时间（或功率）时，应立即松开加速踏板，切忌发动机长时间高速空转。记下读数，仪器复零。重复操作三次，读数取平均值。

大量无负荷测功仪还配有检测柴油机的传感器，以便对柴油机的功率进行检测。

特别提示

无负荷测功精度一般不高，但作为发动机维修调整后的质量判断，或一般车况分析，无负荷测功常常是十分有效的方法。

4.1.3 检测气缸压缩压力

发动机是为汽车提供动力的核心，发动机性能的好坏直接影响着车辆的使用状况。影响发动机技术状况好坏的最根本因素就是气缸密封性，而检测气缸密封性最简单有效的方法即检测气缸压力。

气缸密封性与气缸体、气缸盖、气缸垫、活塞、活塞环和进排气门等零件的技术状况有关。在发动机使用过程中，由于这些零件磨损、烧蚀、结焦或积炭，将导致气缸密封性下降，使发动机功率下降、燃油消耗率增加、使用寿命大大缩短。气缸密封性是表征发动机技术状况的重要参数。

在不解体的条件下，检测气缸密封性的常用方法有：测量气缸压缩压力；测量曲轴箱窜气量；测量气缸漏气量或漏气率；测量进气管负压等。在就车检测时，只要进行其中的一项或两项，就能确定气缸密封性的好坏。下面来学习气缸压缩压力检测。

1. 气缸压缩压力的检测

1）气缸压力表结构

气缸压力表如图 4-1-2 所示。

2）测量条件

（1）冷却液达到正常工作温度。

（2）保证空气滤清器清洁。

（3）蓄电池电量充足。

（4）起动机工作正常。
（5）节气门全开。
（6）火花塞全部拆下。

3）安装气缸压力表

（1）如图 4-1-3 所示，安装气缸压力表时需将火花塞全部拆下，注意拆卸之前要先用压缩空气吹净火花塞周围，将拆下后的火花塞按顺序放好，不要磕碰电极。绝对不允许将任何异物掉入火花塞座孔。

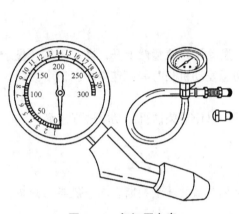

图 4-1-2　气缸压力表

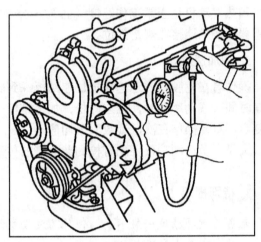

图 4-1-3　安装气缸压力表

（2）拔掉油泵保险或继电器和点火线圈插头：为了防止在检测过程中喷油器持续喷油和点火，需要拔掉燃油泵保险或继电器和点火线圈插头，如图 4-1-4 所示。

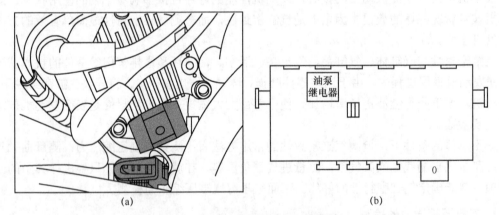

(a)　　　　　　　　　　　　　(b)

图 4-1-4　点火线圈插头和继电器盒
(a) 点火线圈插头；(b) 继电器盒

4）检测过程

（1）发动机正常运转，使水温达 75 ℃以上。
（2）停机后，拆下空气滤清器，用压缩空气吹净火花塞或喷油器周围的灰尘和脏物。
（3）卸下全部火花塞或喷油器，并按气缸次序放置。
（4）把气缸压力表的橡胶接头插在被测缸的火花塞孔内，扶正压紧。

（5）节气门和阻风门置于全开位置，用起动机转动曲轴3～5 s（不少于4个压缩行程），待压力表头指针指示并保持最大压力后停止转动。

（6）取下气缸压力表，记下读数，按下单向阀使压力表指针回零。

（7）按上述方法依次测量各缸，每缸测量次数不少于两次。

5）诊断参数标准

气缸压缩压力标准值一般由汽车制造厂提供。按照GB 18565—2001《营运车辆综合性能要求和检验方法》的规定，在用汽车发动机各气缸压力应不小于原设计值的85%；每缸压力与各缸平均压力的差，汽油机应不大于8%，柴油机应不大于10%。

4.1.4 任务实施：汽车发动机功率检测和气缸压缩压力检测

1. 任务实施目标

能够用便携式无负荷测功仪测定发动机功率及用气缸压力表检测气缸压缩压力。

2. 任务实施准备

（1）轿车一辆；无负荷测功仪；气缸压力表。

（2）学生必须着工装、穿工鞋。

3. 检测结果记录与分析

记录并分析检测结果，见任务单。

4.1.5 知识能力拓展

1. 发动机功率检测结果分析

根据国家标准规定：在用车发动机功率不得低于原额定功率的75%，大修后发动机功率不得低于原额定功率的90%。

（1）若发动机功率偏低，说明燃料供给系统调整状况不佳，点火系统技术状况不佳，应对油、电路进行调整。若调整后功率仍低，应结合气缸压力和进气歧管真空度的检查，判断是否为机械部分故障。

对个别气缸技术状况有怀疑时，可对其进行断火后再测功，从功率下降的大小诊断该缸的工作情况。也可利用在单缸断火情况下测得的发动机转速下降测定结果进行分析，对发动机技术状况作出判断。

（2）根据在用车发动机功率不得低于原额定功值，来评价各缸的工作情况。工作正常的发动机，在某一转速下稳定空转时，发动机的指示功率与摩擦功率是平衡的。此时，若取消任一气缸的工作，发动机转速都会有相同的下降值。要求最高与最低下降值之差不大于平均下降值的30%。如果转速下降值低于一定规定值，说明断火的气缸工作不良。转速下降值越小，则单缸功率越小，当下降值等于零时，单缸功率也等于零，即该缸不工作。

（3）发动机单缸功率偏低，一般为该缸点火线圈或火花塞技术状况不佳、气缸密封性不良或气缸上油（机油）等原因造成，应调整或检修。

（4）发动机功率与海拔高度有密切关系，无负荷测功仪所测得的结果是实际大气压力下的发动机功率，如果要校正到标准大气压下的功率，应乘以校正系数。

2. 发动机气缸压力检测结果分析

测得的结果如高于原设计规定，可能是由于燃烧室积炭过多、气缸衬垫过薄或缸体与缸盖结合平面经多次修理加工过甚造成的。测得结果如低于原设计规定，可向该缸火花塞或喷油器孔内注入适量机油（图 4-1-5），然后用气缸压力表重新测量气缸压力并记录。

（1）如果第二次测出的压力比第一次高，说明气缸、活塞环、活塞磨损过大或活塞环对口、卡死、断裂及缸壁拉伤等原因造成的气缸不密封。

（2）如果第二次测出的压力与第一次相近，说明进、排气门或气缸衬垫不密封。

（3）如果两次检测某相邻两缸压力均较低，说明该两缸相邻处的气缸衬垫烧损窜气。

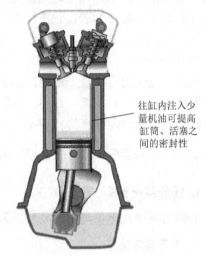

图 4-1-5　往气缸内注机油

1. 发动机的动力性即汽车的动力性。在汽车使用说明书上，一般都标明发动机的额定功率、额定转矩和最低燃料消耗率。

2. 发动机的有效功率是指曲轴对外输出的功率，其检测方法可分为稳态测功和动态测功。

一、选择题

1. 用气缸压力表检测气缸压缩压力时，测得压力如高于原设计规定，可能的原因是（　　）。
   A. 燃烧室内积炭过多　B. 气缸磨损过大　C. 气门关闭不严　D. 气缸垫过厚

2. 以下能用来表征发动机气缸密封性的诊断参数是（　　）。
   A. 气门间隙　　　　B. 气缸压力　　　C. 点火提前角　　D. 异响

3. 发动机功率参数属于（　　）。
   A. 工作过程参数　　B. 伴随过程参数　C. 几何尺寸参数　D. 综合参数

4. 在用发动机功率不得低于原额定功率的（　　）。
   A. 70%　　　　　　B. 75%　　　　　C. 80%　　　　　D. 85%

二、简答题

1. 什么是汽车的动力性？如何评价？
2. 简述无负荷测功原理。
3. 气缸密封性检测的目的是什么？气缸密封性检测项目有哪些？
4. 提高汽车动力性的措施有哪些？

任务 2　检测润滑系统

1. 了解润滑系统对汽车动力性能的影响。
2. 能够正确使用机油压力表对润滑系统压力进行检测。
3. 能够查阅维修手册，并根据检测结果分析故障原因。

能力目标	知识要点	权重
能够正确描述润滑系统的结构和作用	润滑系统的组成和功用	20%
能正确使用机油压力表	机油压力表的使用方法	40%
能够根据检测结果分析润滑系统的故障原因	机油压力异常的原因	40%

一辆帝豪 EC7 轿车，车主反映汽车在行驶时机油压力表显示压力不正常，请求对压力表及润滑系统进行检修。

4.2　相关知识

4.2.1　检测机油压力

1. 检测的必要性

摩擦阻力是发动机起动和运转时的主要内部阻力，改善润滑状况可减小发动机的机械损失，提高发动机输出的有效功率；同时，润滑状况不良时，发动机做相对运动的配合副磨损加剧，正常配合间隙被破坏，还易于产生发动机"拉缸"或"烧瓦"等破坏性故障。因此，发动机润滑系统的技术状况对于保障发动机正常工作和提高使用寿命是非常重要的。

2. 检测诊断参数

润滑系统检测的主要参数为：机油压力、机油消耗量和机油品质。这些参数既可表征润滑系统的技术状况，又可反映曲柄连杆机构有关配合副的技术状况。

为了给摩擦表面不断供给润滑油，以使摩擦副保持可靠润滑，润滑系统的机油压力应高于某一最低压力。当低于最低允许压力时，由于润滑不良会使零件磨损加剧而早期损坏。技术状况正常的发动机在常用转速范围内，汽油机机油压力应为 196～392 kPa，柴油机机油压力应为 294~588 kPa。若中等转速下的机油压力低于 147 kPa，怠速时低于 49 kPa，则发动机应停止运转并检查润滑系统。

本任务学习如何检测机油压力。

3. 检测方法

（1）通过驾驶室仪表盘上的机油压力表读数。

（2）通过仪表盘上的机油压力报警灯判断机油压力。

（3）在机油压力传感器位置接油压表检测机油压力。

由于机油压力表和油压传感器不能保证必要的测量精度，因此在定期检测时，应采用专用的检验油压表，如图 4-2-1 所示。

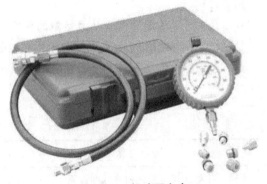

图 4-2-1　机油压力表

4. 检测步骤

（1）首先拆下发动机润滑油道上的油压传感器，装上油压表。

（2）起动发动机，使其在规定转速下运转，此时油压表上的指示值即润滑系统的机油压力。

特别提示

发动机润滑系统机油压力的高低与润滑系统的技术状况、机油品质、机油的温度和黏度、曲轴主轴承、连杆轴承及凸轮轴轴承的间隙有关。

4.1.2　任务实施：机油压力检测

1. 任务实施目标

能够用机油压力表测定发动机机油压力。

2. 任务实施准备

（1）轿车一辆、机油压力表、

（2）学生必须着工装、穿工鞋。

3. 任务实施注意事项

（1）严格按照维修手册要求的流程进行操作。

（2）对特殊零部件的拆解要使用专用工具。

（3）各螺栓拧紧力矩符合要求。

（4）听从老师管理，禁止随意操作实训车辆、设备等。

（5）安全操作，禁止明火。

（6）检测机油压力时水温应正常。

4. 记录检测结果

将检测结果填入表 4-2-1 中。

表 4-2-1　检测结果

检测项目：				
转速	测量数据	转速	测量数据	最大压力
怠速转速	_____kPa	2 000 r/min	_____kPa	_____kPa
检测结果评价：				

4.1.3　知识能力拓展

——机油压力检测结果分析

根据发动机润滑系统工作原理及结构组成可知，机油泵、机油集滤器、机油滤清器、各个润滑表面的间隙、发动机润滑油质量等，都会对机油压力产生影响。

1. 机油压力始终过低

原因分析：传感器前的油路不畅、供油不足、传感器后的油路泄油过快。

诊断方法：

（1）检查机油量。

（2）拆下机油压力传感器，起动发动机，观察喷油情况。

（3）若喷油无力，应依次拆检机油滤清器、旁通阀、限压阀、集滤器、机油进油管和机油泵；若喷油有力，则应检查机油压力表和传感器。

（4）如果机油压力始终过低，且有曲轴主轴承异响、连杆轴承异响或凸轮轴轴承异响等现象，应对上述产生异响的轴承间隙进行检查。试验表明，曲轴主轴承间隙增大 0.01 mm，机油压力就会降低 0.01 MPa。

2. 起动时压力正常，运转一段时间后压力迅速降低

原因分析：

（1）发动机刚起动时，油底壳内油量比较充足。运转一段时间后，部分机油被泵入油道，油底壳内的油量减少。

（2）刚起动时机油温度较低，而运转一段时间后，机油温度升高。温度会影响机油黏度，而机油黏度会影响机油压力。

诊断方法：

（1）先检查机油量，若机油量充足，则是机油黏度过低。

（2）机油黏度过低的原因：润滑油品质不良，冷却液或汽油稀释机油。

3. 机油压力突然降低

原因分析：机油严重泄漏或机油泵损坏。

处理方法：应立即使发动机熄火，以免造成严重机械事故。

1. 润滑系统的组成：机油泵、机油滤清器、限压阀、旁通阀和压力表等。
2. 润滑系统的维护包括：检查润滑油油面位置、疏通油道、更换润滑油和检查机油压力。
3. 润滑系统常见故障有：油压过低、油压过高、机油变质和损耗太大。
4. 润滑系统检测的主要参数为：机油压力、机油消耗量和机油品质。

1. 简述润滑系统对发动机正常工作的重要性。
2. 发动机机油压力与哪些因素有关？
3. 简述机油压力过低的诊断思路。

本书习题参考答案

项目一　汽车性能检测技术认知

略

项目二　汽车安全性能检测

任务1　车辆外观、灯光系统检查

一、判断题

1. × 　2. √ 　3. × 　4. × 　5. ×

二、选择题

1. A 　2. A 　3. A 　4. B 　5. A

任务2　检测前照灯技术状况

一、选择题

1. A 　2. B

二、判断题

1. √ 　2. ×

三、简答题

略

任务3　车速表检测

1. 磁感应式车速表和电子式车速表
2. 造成车速表失准的原因主要有以下两个方面：

（1）车速表自身的问题。当汽车长期使用后，车速表内的机械零件难免出现自然磨损变形、车速表驱动轴之间松旷、车速传感器出现故障、电磁线圈中永磁元件退磁老化等，这些因素都会使车速表产生误差。

（2）与轮胎的状况有关。由车速表的工作原理可知，车速表的指示值与车轮的半径有关，由于车辆结构参数、轮胎气压（不符合标准，过高或不足）、车辆载荷等因素的影响，造成车辆轮胎半径的变化，左右车轮半径不同，也会引起实际车速与车速表指示值产生误差。

3. 车速表指示车速 v_1（单位：km/h）与实际车速 v_2（单位：km/h）之间应符合下列关系式：

$$0 \leqslant v_1 - v_2 \leqslant (v_2/10) + 4$$

4. 偏大，因为汽车行驶的线速度：$v = 2\pi \cdot r \cdot n / 60 \text{(m/s)} = 0.377 r \cdot n \text{(km/h)}$，当车轮轮胎磨损后，轮胎半径 r 变小，则汽车实际车速小于汽车车速表的指示值。

5. 不合格。当机动车车速表的指示值（v_1）为 40 km/h 时，车速表检验台速度指示仪表的指示值（v_2）在 32.8~40 km/h 内为合格。

6. 检测台滚筒的线速度与滚筒的直径和转速之间的关系为

$$v = \pi \times D \times n \times 60 \times 10^{-6}$$

计算得：当滚筒的转速为 1 200 r/min 时，v=40 km/h；当滚筒的转速为 900 r/min 时，v=30 km/h。

7.（1）安全装置：车速检验台滚筒两侧设有挡轮，以免检测时车轮左右滑移损坏轮胎或设备。

（2）滚筒抱死装置：汽车测试完毕出车时，如果只依靠举升器，可能造成车轮在前滚筒上打滑。为了防止打滑，增加滚筒抱死装置，与举升器同步，举升器升起的同时抱死滚筒，举升器下降时放开。

（3）举升保护装置：车辆在速度检验台上运转时，举升器突然上升会导致严重的安全事故，因而车速检验台设有举升器保护装置（软件或硬件保护），以确保滚筒转速低于设定值后（如 5 km/h）才允许举升器上升。

8. 测速发电机式、光电编码器式和霍尔元件式等。

任务 4　检测车轮的平衡度

略

任务 5　检测底盘部件

一、选择题

1. A　2. B　3. A

二、简答题

1. 离合器打滑的主要原因是离合器摩擦片摩擦力不足，而摩擦力不足则是由以下原因造成的：

（1）离合器踏板自由行程过小或消失；分离杠杆与分离轴承的间隙过小或消失；离合器盖变形或与飞轮的连接松动，使压盘处于半分离状态，在传递动力时打滑。

（2）离合器摩擦片磨损减薄；铆钉外露；表面硬化、烧蚀或沾有油污，使摩擦系数下降。

（3）驾驶员操作不当，导致压紧弹簧滑磨过度产生高热，使弹力下降；个别弹簧因疲劳而断裂，使压紧力下降。

（4）离合器杆系卡滞，离合器踏板不能彻底回位，不能使分离轴承与分离杠杆离开。

2. 略。

任务6　检测汽车的制动性能

一、选择题

1. C　2. D　3. B　4. B

二、判断题

1. √　2. √　3. √　4. ×

三、简答题

略

项目三　汽车环保性能检测

任务1　检测汽车尾气排放污染物的含量

一、选择题

1. B　2. D

二、判断题

1. ×　2. √　3. ×　4. ×

三、简答题

1. 分析故障原因，有两种情况：一是气缸中进了水或柴油中有水，燃烧后排气管排出大量水汽白烟；二是混合气形成条件差，气缸内温度较低，柴油不能很好地形成混合气燃烧便排出去，一般呈白色烟雾。

2. 在怠速方法基础上增加了高怠速检测。高怠速工况指满足怠速工况的条件，用加速踏板将发动机转速稳定控制在50%额定转速，或制造厂技术文件中规定的高怠速转速时的工况。该方法十分便利，成本低。但它和怠速法一样，存在严重局限性：机动车排放是否超标，往往是指车辆行驶过程中是否超标，而该方法的检测结果只反映车辆怠速时的排放情况；检测不出氮氧化合物。

任务2　检测汽车噪声

一、选择题

1. B　2. D

二、判断题

1. ×　2. √

三、简答题

略

项目四　汽车动力性能检测

任务1　检测发动机功率

一、选择题

1. A　2. B　3. A　4. B

二、简答题

略

任务2　检测润滑系统

简答题

略

参 考 文 献

[1] 杨益明. 汽车使用性能与检测 [M]. 北京：人民交通出版社，2011.
[2] 栾庭森. 汽车使用性能与检测 [M]. 哈尔滨：哈尔滨工业大学出版社，2014.
[3] 赵胜全. 汽车使用性能与检测 [M]. 天津：天津科学技术出版社，2015.
[4] 李玉柱. 汽车检测与诊断技术 [M]. 北京：北京邮电大学出版社，2016.
[5] 陈焕江. 汽车检测与诊断（上、下册）[M]. 北京：机械工业出版社，2013.
[6] 扬万福. 发动机原理与汽车性能 [M]. 北京：高等教育出版社，2009.
[7] 张建俊. 汽车检测技术 [M]. 北京：高等教育出版社，2011.